「明日の服」に迷うあなたへ

大草直子

はじめに

おしゃれとは、何と罪深きものだろう、と思います。服を着ること、靴やバッグを選ぶこと。

装うことは、ときに自己表現としてのツールの1つであり、ときに、もしかしたら自分を幸せにしてくれるものであるはずなのに。会う女性会う女性、こんなにも着る服に迷い、「おしゃれでなくてはいけない」という情報に追い詰められています。雑誌のページを作る編集者として、こうした声を聞くたびに心が痛く、今まで20年近くやってきたこと――ファッションに明快なルールを作り、もっとおしゃれを楽しめるようになってもらいたい――は、むしろ、彼女たちから自由を奪っていたのではないのだろうか、と、少し落ち込んでしまうのです。

この本のメッセージは明快です。

おしゃれをすることは、自分のペースでゆっくりと。人と比べたり、情報に振り回されたり、持っていないことを嘆くことはありません。おしゃれは、すべての人に優しく平等で、一生をかけて積み上げていけばいいものなのです――ということ。

ただしその上で、少し時間をかけて考えなくてはいけません。整理しなくてはならないのです。私を託せる色を、選び抜かれたワードローブを、自分にとっておしゃれとは何かを。

そうして完成した自分なりのルールは、あなただけの財産になります。きっと明日からのおしゃれを、うんと楽にしてくれるでしょう。誰からもらうものでも、ましてやお金を払って手に入れるものでもありません。自分で探しあてるものなのです。この1冊が、おしゃれを深く一度考えるきっかけになり、いつの日か、装うことを楽にすることができたら、こんなに嬉しいことはありません。

すべての女性の、「明日着る服に迷う毎日」が終わりますように——。

2014年10月

大草直子

INDEX

For you who waver in tomorrow's dress. _ *Page 6*

Chapter.1
about Balance

整ったバランスの作り方

おしゃれである、ということは、「バランスが美しい」ということ。体型にぴたりとフィットした、シャツやパンツを着ている。近くから見た時も、遠目からでも、シルエットが心地良い。そういうことなのです。流行の服をいち早く着ることや、高価な靴やバッグを身につけることは、実は、バランスを整えることとは、直接関係がありません。大切なのは服を新調する前に、まずバランスを見直すこと。それを、1章では考えます。

おしゃれに見えるということ、それは、バランスがいいということ。

具体的なアイデアに移る前に。総合的に「バランス」の意味を考えます

ある年の夏、当時私が関わっていた雑誌で、「スナップ大特集」を組みました。「おしゃれだな」と思う人には、明らかな共通点がありました。流行の服を着ているわけでも、一目でわかる高価な服を着ているわけでもない。他の人にはなく、その人たちにあったのは、「整ったバランス」。

例えば一見難しいように思えるブルーのセットアップを着ていた女性。中肉中背。可愛らしい顔立ちはしていましたが、モデルのようにパーフェクトな体型ではなかったと思います。けれど、パンツの裾から出た素肌の分量と、靴の組み合わせ。アシンメトリーなショートヘアと、大きめのピアスの相性。服のシルエットとバッグのフォルムの調和。すべて、「バランスが良かった」のです。きっと、丁寧に注意深く、そのバランスを手に入れたのだろうな、という知性も見ることができました。その人の脚が長いとか細いとか、そういう情報の前に、リズミカルでコンフォタブルなバランスがきちんとメッセージとして届く、それが「おしゃれな人」という評価につながるのです。

さて。もう1つ、バランスの話を。長年、「着る人」として服を着続け、スタイルを手に入れようと頑張った結果、実感していること。先に書いた、外見の話以外にも、「バランスの良さ」

は見ることができます。外側だけではなく、自分のマインド、そう、内側に。

例えば、周囲の人とのバランス。ダークカラーのスーツスタイルの男性の中で仕事をしているときに、彼らの「真剣なフォーマル」と、そのシリアスさの具合は合っているだろうか。なんていうことを考えられる人は、本当のおしゃれな人。

例えば、トレンドと自分のバランス。トレンドや情報を、一度目の前の高さで観察をし、きちんと考えて、取捨選択しているだろうか。自分と「流行りもの」との間に、一定の距離を保つことは、とても大切だったりします。

加えて、無理はしない、人と比較しない、わかりやすいプライスやブランドでジャッジしない。実は、具体的で目に見えるルールよりも、装うことの心構えが、何にも増して大切だ、ということも実感しています。他にも、「おしゃれをすることは、今の私には、人生の1番でなくてもいい」、と自信をもって言える人なんかも、実は「バランスが美しい人」なのかもしれません。

こうして考えると、「整ったバランス」は、特別な人が生まれたときから持っているものでも、手に入れることがとても難しいものでもありません。100％客観的に自分を見ることができたなら、ディテール、全身、と、心地よいバランスを探すことができ、周囲や現象、自分の状況とのバランスも探すことができる。そう、「ある」ものではなく、「探す」もの。整ったバランスは、誰もが手にすることができるものなのです。

1. Tops & Bottoms

ボトムスはバランスを整える土台。ボトムスによって美しいシルエットを考える

上を大きく下を小さく――▽のシルエット。パンツスタイルに有効な理論

例えば自宅を新築するとします。窓のデザインや屋根の形、もちろん間取りにもこだわりたい。ただし、その前にすることは、まずは家、という建物の土台をしっかり作ること。自分にぴたりと合った、心地よくて、それでいて美しい全体像を作るのに、最も大切なことです。

家でいう土台にあたるのは、ボトムス。シルエット、素材、色、ディテール――をまずは吟味しましょう。自分という、「持ち主」＝「着る人」の体型に寸分の狂いなく合っている、ということもとても大切です。

「今日のボトムス」を手にしたら、後は本当に簡単。例えばグレージュの、それも細身のデニムを選んだのならば、シルエットは▽をイメージすればいい。上半身にボリュームをもたせるための、大きなトップスが重たく見えないように、グレージュとつながる、曖昧な色を選び、穏やかな色のグラデーションを作ればいいのです。

肩や袖に特徴があるトップスのラインを壊さないように、バッグは肩に掛けるのではなく、手で提げて持つタイプを。こんなふうに、ボトムスを決めれば、おのずとスタイリングが完成することがわかります。

For you who waver in tomorrow's dress._Page 11

1.Tops&Bottoms

ボトムスにボリューム、トップスはタイトに。スカートで可能な、美しいバランス

街で見かけた美しい女性。顔立ちや持っていたバッグのブランドは覚えていないけれど、その人を美しい、と目の端で認め、わざわざ視線で追いかけたのは、そのシルエットで。

身体のラインを縁取る、タイトな黒のタートルニットに、バレリーナがはくチュチュのようなふんわりとしたスカート。まさにバレリーナのように、エナメルのバレエシューズを履いていました。髪をきゅっと1つにまとめ、私の前を通り過ぎた彼女のシルエットは、きれいな正三角形。

正しい△を作るには、ボトムスにはボリュームを、そしてトップスはタイトに――。例えばフレアースカート、ギャザースカート。円の中央に、穴を開けたようなデザインのサーキュラースカートなども有効です。大きなシルエットのスカートに、コンパクトなトップスを合わせると、△のシルエットが完成。そのアウトラインを確認するときは、必ず遠目で。正面から、そしてウィンドウに映った自分も、横目でちらっと見てみましょう。どこから見たときにも、きれいな三角形を描くように。

For you who waver in tomorrow's dress._Page 13

1.Tops&Bottoms

1枚で完成するからこそ
アウターはバランス感覚が命

たっぷりと分量のあるガウンタイプのコートは、ウエストをきゅっと絞って。見た目にもはっきりとわかりやすい、砂時計のようなラインを意識します。

ノーカラー、縦に長い長方形のライン
のコートは、膝丈のボリュームスカー
トを。退屈になりがちなコートの着
こなしは、シルエットで見違えます。

2. Silhouette

シルエットとは、後ろ姿であり、横顔である

凛々しさとは。
清潔感であり、品の良さであり、
覚悟のある風情である

プレスの効いたシャツを、あえて一番上のボタンまで留めてみる。そこに生まれる清潔感と。仕立てのいいコートを羽織ったときの直線が描く、品の良さと。シンプルだけれど意識が行きとどいたバックスタイルの覚悟と。

このすべてが、「凛々しさ」という、あなたの印象につながっていく。カジュアルもいい。リラックスさせてくれる服だって必要。

けれど、時に凛々しさというドレスコードを自分に課してみるのも大切。コーディネートは訓練です。怠けていたら、決してうまくはならないのです。

For you who waver in tomorrow's dress. _ Page 17

2.Silhouette

シルエットで大切なのは“凛々しさ”

まつ毛を上げ、眉を美しく描き、口角を上げる。横顔は、最も美しいシルエット

横顔ほどドラマティックなシルエットはない。おでこの稜線が鼻に到達する手前で一瞬くぼみ、そこに、美しい影をつくる。もちろん、鼻のエッジからくちびるに抜ける、少し色っぽいラインも、そうしてあごに向かうインテリジェントなアップダウンも、横にいる人の記憶に残るのです。

メイクをするとき、正面からの表情を確認したら、必ず横顔を。顔全体の「デザイン」をサイドから確認することが、全方位の美しさに作用するから。意志あるまなざしを作る、自然にカーブを描くまつ毛、今にもポジティブな言葉がこぼれそうなくちびるも、少し上がった口角が保証するのです。頬の高い位置にふんわりとチークを入れたら、ほとんど完成。

最後に横顔を照らすピアス。小さな光が、あなたの美しさを際立たせます。パールやダイヤモンド、カラフルなコスチュームジュエリーが、横顔というシルエットを完成させるのです。

For you who waver in tomorrow's dress._Page 19

chapter1. about Balance
2.Silhouette

手に取ったカシミヤ、ウール。印象を決定するのは、実は素材

「その人」のキャラクターと同じ。積み重ねる素材にも、ギャップやハレーションが欲しい

ウール、パール、ムートン、カシミヤ……注意深く素材を重ねていくことは、「私」というキャラクターを作り上げることに似ている。なめらかな、あたたかな、つややかな。さまざまな表情をもつ素材を丁寧に選び、そして積んでいくと、その着こなしは、たちまち、奥深さと立体感をもち、生き生きとした魅力を放ち始めます。

できるだけ、生地の厚さや起毛感、素材の滑らかさや光沢感など、ギャップがあるものを選びます。選んだ素材同士が、きちんとグラデーションを描きながら、実はハレーションを起こしている。そんなイメージ。

例えば小さな子供はコットンやウール、と言った1つの素材で充分愛らしいけれど、年を重ねた大人の女性はそうはいかない。優しかった手の感触や、悲しいくらいに美しい景色や。地層のように重ねた素材のように、複雑な記憶でできているから――。

chapter1. about Balance

For you who waver in tomorrow's dress. Page 22

3. *Kind of shoes*

どう見せるかより、どう見えるかを考える。TPOがおしゃれを決める

3種類の靴を揃えておけば、たいていの予定にはフィットしてくれる

おしゃれは自己表現ですが、自己顕示欲のはけ口になってはなりません。周囲の環境に合っているのか、期待される役割を果たせるのか、対面する誰かに心地よいバイブレーションを送れるのか。結婚式のときに白のドレスは着ない――というドレスコードとはまた異なる、おしゃれをする上での「思いやり」や「知性」、「想像力」のようなものかもしれません。

少しイメージで片づけられがちなこうしたことは、「最適な靴を選ぶ」ことで、もしかしたら具現化してくれるかもしれません。例えば、子供と公園で遊ぶ日は、キャンバスのスニーカー。思い切り走れて、汚れも気にならない1足。その後もしかしたらランチをするかもしれませんが、行く場所は「その日履いている靴」が決めるのです。フォーマルなレストランは、スニーカーが「ダメ」と言います。それならば、カジュアルなオープンエアのカフェで、大きな口を開けてサンドウィッチをほおばればいい。その日の予定も、行く場所も、「自分のおしゃれ」がぴたりと合っている、誰もが無理をせず、予定も場所も楽しむことができる。それが、「バランスのとれたおしゃれ」なのです。

3.Kind of shoes

ヌーディで官能的なサンダルを一足

正面はもちろん、サイドも後ろ姿も。美しいドレスは、美しいシューズで保証される

まずは、ヌーディなサンダルを1足。ヌーディな、というのは素肌の分量が多く、軽やかに履ける、という意味。足元の「素肌感」というのは、少なければ少ないほどカジュアルになり、多くなればなるほどフォーマルに近づきます。ほとんど着る機会はないけれど、フルレングスのドレスには、パンプスではなく、ストラップも細いサンダルを履く——これはそのためです。

普段のドレスアップには、例えば後ろ姿に特徴がある1足。ヒールのデザインやストラップの表情で、普段はあまり気にしない後ろ姿を雄弁にしてくれます。サイドもできるだけ大きく「くってある」もの。つま先も出たほうが、「色っぽさ」が生まれます。美しいドレスと合わせても、もしくは、カジュアルなランチ——なんていうときはデニムと合わせたって、いいのです。

For you who waver in tomorrow's dress. _ Page 25

3.Kind of shoes

真っ白のキャンバス。清潔なスニーカーはマスト

洗いざらしのスニーカーは、素肌のように健やかなアイテム

素肌感ゼロ。がっしりとしたスニーカーは、実は女性らしいスタイルにもよく似合います。例えば、ベアトップのマキシドレス。もちろん、トングのようなリゾート気分のサンダルを合わせるのも素敵ですが、「街で着る」ときは、キャンバスの真っ白なスニーカーを。肩や腕の肌が出ている「素肌が生きた上半身」を、あえて足全体をスニーカーで覆い、生っぽさを消した足元で支える。この軽さと重たさのバランスが、その人のオリジナルになり、思わず振り返ってしまう強さになるのです。

あとは、女性らしいドレスと、男の子っぽいスニーカー――という、ベーシックではない組み合わせも、視線を留めさせる「何か」を生むのでしょう。コンバースに代表されるような、ローテクのスニーカーは、いつでも真っ白であることが大切。何度も洗って太陽に干したスニーカーは、日焼けした素肌のような健やかさがあります。

For you who waver in tomorrow's dress._Page 27

3.Kind of shoes

ヒップが知的なパンプス。曖昧な色がベスト

仕事の場面で選ぶ1足は、その仕事に賭ける思いや気持ちをきっと表すから

パンプスの美しさ、上質さ、そして色っぽさを決めるのは、かかとのカーブとデザイン。女性の身体のラインをなぞるような、適度な丸みとボリューム感があれば、トゥのデザインはシンプルでいい。

仕事のときの1足は、キャリアへの意気込みとリスペクトを表します。制約はある、実は特に楽しくもない——そんなオフィシャルな着こなしの時こそ、ふと視線を落とした時に目に入る、1足の靴に救われるのです。

ストッキングを合わせる、薄手のタイツを履く。脚をどうメイクするかを限定しないのは、光沢のあるパテント素材。そして色は、「何色か」表現できない曖昧な色。例えばグレーのようなベージュ。ブラウンのようなグレーなど。はっきりと「色」を前面に出さないことで、合わせるスーツの色やコートの色をせばめないのです。

黒は汎用性が高いから——は、必ずしも正しいとは言えません。黒の靴は、とても「強いアイテム」。制約の多い仕事服のスタイリングを、さらに難しくしてしまいます。

For you who waver in tomorrow's dress._Page 29

4. Concept of beauty

きれいは“顔周り”の印象から

**月に1度の白いシャツ。
エステに通うよりも、
間違いなく「きれい」につながる**

その人の「きれい」を決定するのは、顔周りの印象。

白いシャツの衿はとにかく真っ白で、シャープなエッジを保っているか。アウターの素材は、まるで理想の素肌のように手入れが行き届いているか。耳の上にかかるヘアにはひと手間かかっているか——など。「丁寧である」「清潔である」ことは、すなわちきれいにつながっていく。プレスをかけるのも面倒だし、着ているときに気を使う。けれど白いシャツは、圧倒的な「きれい」を、作ってくれるのです。

きれいである、ということは面倒くさいことで、大変なこと。それを覚悟し、作業や労力をいとわない人だけが、手に入れられるのです。毎日は難しい。けれど、1か月に1度、白いシャツを手に取ってほしい。少し緊張して袖を通し、髪を巻き、丁寧に口紅を塗る。一瞬の「きれい」は確かに重ねられていくから——。

白のシャツは「おろしたて」に見えることが大切。大事にするケアをする――ということもおしゃれの一環。

4.Concept of beauty

ストールをネックレスのように

ミルフィーユのように、薄手の生地を重ねて

顔のすぐ近くにあるストールは、まるで皮膚のように、女性の印象に直結する。カシミヤのストールを、小さくぐるぐるっと巻いたときの、「包まれている幸福な感じ」は、身に着けている本人だけでなく、きっと優しさや柔らかさ——と言ったイメージを、周囲の人に伝えるのです。首の後ろ側を少し高くして、首を覆うほどボリュームを出すのがコツ。色は断然曖昧な色。肌色と服の色の中間の色。例えば黒の服を着る日は、グレー味を帯びたトープ色、のように。シンプルなトップスの横顔にドラマを生むのは、豊かな「布」なのです。

「柄を着る」なら、服ではなくストールで

小さく巻いて、視線を集めて

1枚の布に描かれたプリントは、巻き方や折り方で、その表情を変える。その様は、まるでマジックを見ているようで、ワクワクします。あまりきれいに巻かないほうがいい。無造作に表に出てくる、小さな柄や大きな柄は、スタイリングの楽しさそのままに、その人の表情に作用します。一瞬で「楽しげな人」になれるのです――。

服はシンプルに。だって、プリントの服を着てしまうと、まずはその強い印象をイレースするために、数日置かなくてはいけません。「柄のストール」は巻き方を工夫すれば、着回しの可能性が無限大です。

4.Concept of beauty

アイラインの代わりのメガネ

視線に強さを生むのは、メイクより、メガネ

メガネの威力は偉大です。目を縁取り、1枚のレンズを通すことで、瞳を神秘的に見せるのです。

　メイクを選ぶように、メガネを選びましょう。黒縁ならモードっぽく、ブラウンなら柔らかく、色のメリハリがあるべっ甲タイプなら、カジュアルに。眉毛のかたちとレンズのフォルムのバランスや、つるの太さとあごのラインの相性などを確認してから、決断しましょう。

　鏡の近くから、そして全身が映るくらい少し遠目から。コスメティックのカウンターで、アイシャドウを選ぶように。きっとその作業はワクワクするから。

「イマドキの顔」なら、サングラスで

実は「流行」は、サングラスに託して

サングラスは、3年で流行が変わります。オードリーヘップバーンがかけていたような、黒のビッグタイプ、この写真のようなレイバンのアビエーター。レンズのラインや色、つるの太さなどで、全く印象が違うのです。サングラスは、顔に乗せる「流行」。メイクを3年ごとに変えることはできないけれど、サングラスは意識して新調しましょう。

遠目から見たときに、最も強く視線を集めるところは、常にアップデート。そうすれば、服やメイクはベーシックでいいのです。実用小物ではなく、「私を新しく見せる」アイテムとしてのサングラス。

4.Concept of beauty

表情にドラマを生む夏のハット

ぽんとかぶって出かけよう。素顔でもいいくらい

ハットは、夏の着こなしの、夏の素肌の、明度を上げてくれます。つばが広い、当然強い日差しを避けるための帽子も、かぶると、表情の明るさが強く押し出されるのはなぜでしょうか？ それは、ハットが作る影の存在のため。鼻の横に、眉間に――影、ある意味暗い部分があることで、光がむしろ際立ってくるのです。

チークやシャドウ、コンシーラーなどで、素肌に明るさと暗さを作るのはそのせいです。光と影をしっかりと対立させることで、その顔にドラマティックなメリハリを生むのです。帽子で陰影をつけるから、メイクは極力薄く。健康的な素肌感を大切に――。

「はずし」で使う、冬のハット

上質な女性になるための、冬のハット

夏のハットが、顔にメリハリを生むものだとしたら、冬のハットは、「はずし」や「遊び」。

例えばまじめなジャケットを、お茶目なニット帽子でカジュアルダウン。もしくは、スカートスタイルには、マニッシュな中折れタイプを。こんなふうに、スタイリングのイメージとあえて逆行するハットをかぶることで、そこにはハレーションが生まれ、着こなしに「人とは違う」強さを生むのです。

冬のハットは、全身のコーディネートが決まってから、最後に加えるアイテム。あえて、まじめに「律儀に」まとめない。最後にちょっと振る、スパイスのようなものなのです。

Q1 冠婚葬祭のスタイルで、気をつけるべきポイントは？

A お悔やみの席では、黒のウールジャージーが最適です。ワンピースにボレロ、のような季節を超えて使える喪服のセットアップを持っていると便利です。薄手の黒のストッキング、上質なハンカチ、レースのグローブ、光沢や金具の目立たないバッグとシューズ。必ず使うときが来るので、きちんとしきたりにのっとったセットを用意しておきましょう。例えば結婚式などのお祝いの席。老舗のホテルでの披露宴では、黒のドレスは避けるべき。お祝いをする、という気持ちを表す装いを考えましょう。

Q2 婚活におすすめのスタイルはありますか？

A これはすなわち、男性に好感度の高いコーディネートは？ということでしょうか。ファッションは、その人のあり方や、人生の考え方などを表すツールです。家計を預かる女性のファッションが、モード最先端、もしくは派手であると安心できない。男性の本能が働くから、「少し野暮ったいくらいがちょうどいい」などと言われます。けれど、結婚という形を得るために自分を偽り、相手に合わせても、その後が思いやられます。ファッションも含めて、自分らしくいられる――ということが大切だと思います。

Q3 夫婦として「正しいファッション」とは？

A 実は男性に言いたいことですが、男性は基本的に「引き立て役」になるべきです。これは、ファッションの歴史が長いヨーロッパでは日常に考えられていること。例えば男性のフォーマルスーツに合わせるエナメルのオペラシューズ。靴墨を使って女性のドレスを汚さないように、という配慮で選ばれた光沢のあるシューズです。このように、男性が女性を「思いやる」ファッションこそが、2人でいるときに素敵――なのではないでしょうか。

Q4 主婦として「正しいファッション」は？

A ごくまれな仕事のシーンや、冠婚葬祭以外、「正しい」「誤った」ファッションは存在しません。「素敵な」や、逆に「眉をひそめるような」という装いはあるかもしれませんが。なので、主婦として正しい正しくない、というのはその人によって違う、というのが答えです。家のさまざまなことを仕切る賢さは、きっと家庭で洗うほどに味が出てくるリネンのシャツやデニムに行きつくでしょうし、さまざまな「忙しごと」に耐えうるダウンベストを選ばせるでしょう。例えば友人とのランチ――などの場面には、いつも着ているデニムに、レースのカットソーを合わせ、バレエシューズを揃える想像力ももちあわせているかもしれません。誰かが唱える「幸せな主婦らしい」などいうドレスコードは忘れてください。あなたが知力と自信をもって選んだ服は、間違いなく「正しい」のです。

大草さん！

ファッション全体について教えてください！

Q5 「大人っぽい」と「老けて見える」の違いは？

A 答えは清潔感です。年を重ねる、ということは、誰にも平等な現象です。嘆き過ぎることもないし、忘れるものでもありません。新しい年齢を経験することは、たくさんのスキルを身につけ、知識を仕入れることです。そう、おしゃれの偏差値も、10年前より高くなっているはずなのです。1つだけ失われていくこと、それが清潔感。肌は艶やハリを失い、髪も放っておくと水分も光もなくなります。かりっと若々しい膝や肩の鋭さは消えていくのです。だからこそ、着こなしでスタイリングで、それをプラスしていきます。顔周りを華やかに見せる上質なパールや、ふくらはぎの筋肉をきゅっと上げるシンプルなパンプス。すべては、清潔感をアウトプットするためなのです。

Q6 ショートのムートンジャケット。着方のポイントは？

A ウエスト少し上くらいのショート丈は、できるだけボトムスとの「差」をつけるといいでしょう。膝上のタイトスカートでは差がつかないので、フルレングスのたっぷりしたワイドパンツ、足首もしっかり隠れるアンティークレースのマキシスカートなどがおすすめです。靴をパンプスなどのきゃしゃなものではなく、がっしりと重量感のあるものに。

Q7 年齢による、ファッションの節目。どう見つけたらいい？

A 鏡をよく見ること、そしてできたら、気が付いたら写真を撮っておくこと。体型や顔立ちの変化などが、教えてくれます。今の服を、そろそろ卒業したほうがいい――と。最近、「娘と服を共有しています」と、嬉々として語る人がいますが、10代や20代のお嬢さんと、その母親である40代、50代の女性では、「似合うもの」「着るべきもの」が全く違います。素材が違う、Tシャツでも肩のラインが違う、パンツに至っては、ヒップラインから全く違うのです。若い人のブランドでも、入るから着る――では、無為に年を重ねているとしか見えないことを、私自身も忘れないようにしています。

※註：本書掲載の「Q&A」の質問は2013年に期間限定で開設したブログサイト「大草直子さんへの質問＆相談大募集」に寄せられたものからの抜粋です。

For you who waver in tomorrow's dress.—Page 40

Chapter.2

about Color

自分という色を美しく――

色っぽい人、紅葉が色づく――など、"色"という字を使った言葉があるように、身につける色は、自分を形容するアイテムになる。早く手に入れたら、ワードローブはきっと整い、買い物も整理され、うんとおしゃれが楽になるはずです。それは、人に任せられることではありません。さまざまな作業を終えた、自分が見つけるものなのです。第2章では、色について取り上げます。

早く手に入れたいのは、憧れのバッグではなく、似合う色、託せる色

「自分の色」を手に入れられるのは、覚悟を決めた人だけ――

色はあなたの財産です。あり方を伝え、おしゃれをすること、ひいてはどう生きていくかの覚悟を「表明」する道具です。色を選ぶ――ということは、“自分をどう見せるか”を決めること。無難だから、と黒を着る人は“無難な人”に。男性に好かれそうだからパステル――という人は、“男性に決定権を渡す人”に見えるのです。

「自分の色」を、そろそろ手に入れましょう。人に決められたわけでも、もらったものでもなく、自分自身で探し、見つけた色を。その作業は、もしかしたら面倒くさく、そしてときに辛いことかもしれません。けれど、それを終えた人だけが、間違いのないツールを手に入れられるのです。「あなたの目の前にいる私は、こういう人間です」と、表すツールを――。

そしてもちろん、それはあなたを支え、あなたのおしゃれを支えます。年を重ね、生き方も日々少しずつ形を変え、「自分の色」も、きっとまた変化していくかもしれません。ただし、1度そのときの自分を任せる色を決めたなら、それをベースに考えていけばいいので、さほど難しいことはないのです。

例えば私の場合。やりたいことや興味のあることがとにかくたくさんで、人生に挑戦しながら過ごした20代は、ワードロー

ブはとてもカラフルでした。真っ赤なデニムやはたまたグレーのスーツもクローゼットにあり、いろいろな景色や経験を体験することが楽しくてしょうがなかった頃。これと言った1色には決められなかった時代。そして、とにかく仕事に没頭し、子育てに邁進した30代。手にしていていたほとんどのものを手放し、この2つに集中した時期は、着ていた色は、グレー、ベージュ、白――ほとんど3色の組み合わせ。黒を滅多に着なかったのも、この時期。そして数年の迷い道を経て、42歳の今のベースカラーは、テラコッタ色やグレー。さらに加わったのが黒。この色のもつ強さや迫力を、素直に手にすることができるようになったのは、年齢のおかげかもしれません。

肌や髪の色に合う、瞳の色を引き立てる――こうした作業は自宅の、試着室の鏡の前でシビアにやるしかありません。あとは、覚悟を決めるだけ、どんな自分に？　どんな生き方を？　決定権はあなたにあるのです。

1. Basic Color

ベージュやブラウンは、ベーシックカラーではありません

復習してみよう！
「ベーシックカラー」とは――？

ベーシックカラーとは、着こなしの土台になる色。スタイリングを文字通り支え、差し色や「効かせ色」も、この土台があるからきれいに生きる、そんな色。個性を託す、というよりも、自分になじんでくれる――というイメージです。この存在があれば、その日着るコーディネートの大枠は、たちまち決まるでしょう。

グレー、カーキ、ネイビー、黒。寡黙で、けれど意志の強さもある4色がおすすめ。しばしばベーシックカラーとして考えられるブラウンやベージュは、差し色としてとらえます。色みの幅が広く、他の色との相性を制限してしまうから。まずは、4色の中から1色選びましょう。

中性的でしなやかなグレー、ハンサムで個性的なカーキ、インテリジェントで清潔なネイビー、包容力と凛々しさがある黒。どんな「意志」をもった人になりたいかで選ぶ1色は、間違いなくあなた自身の基本＝ベーシックを表す1色になるのです。

navy

gray

black

khaki

1.Basic Color

グラデーションで。最初の一歩はここから

色をちらかさないこと。心地良い調和が大切です

ベーシックカラーが決まったら、まずは、その色をいくつか揃えましょう。赤みがないコンクリートのようなグレーなら、その色で土台を統一。そうしたら、その色みのラインを濃淡、すなわちグラデーションで揃え、最後に効かせる色を決定します。例えばグレーをたっぷり含んだ明るいベージュとか。または、アイテムとアイテムをつないでくれるボーダーとか。

グラデーションで揃っていない、たくさんの色がぽんぽんと「ちらかっている」ワードローブは、それぞれの組み合わせが困難です。黒のニットにブラウンのパンツ、 赤のストール――では、 共通点がありません。それぞれが、そっぽを向いています。

クローゼットの扉を開いてみましょう。ベースカラー、それに重なるグラデーション、そこに似合う、効かせ色以外は、1度どこかに収納します。3か月経って、1度も再登場がなければ、友人や周囲の人に譲るかオークションに出してしまうことです。自分のベーシックカラーとつながらない、ブラウンのパンツを生かそうと、「そのための」アイテムを買い揃えようとしないこと。ますますワードローブは混乱を極めます。

For you who waver in tomorrow's dress._Page 47

1.Basic Color

CHERRY PINK × GRAY

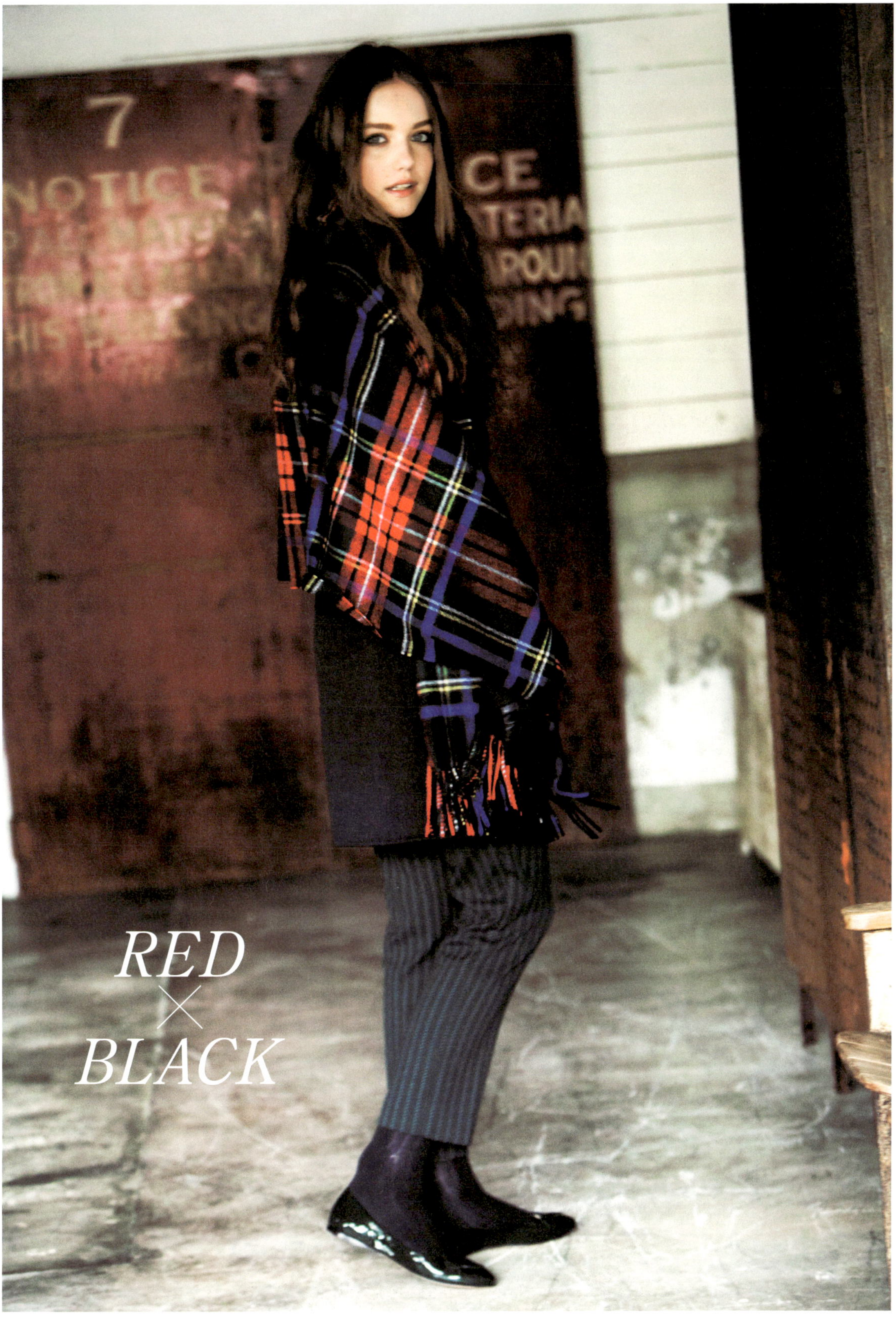

RED
×
BLACK

1.Basic Color

MUSTARD YELLOW × KHAKI

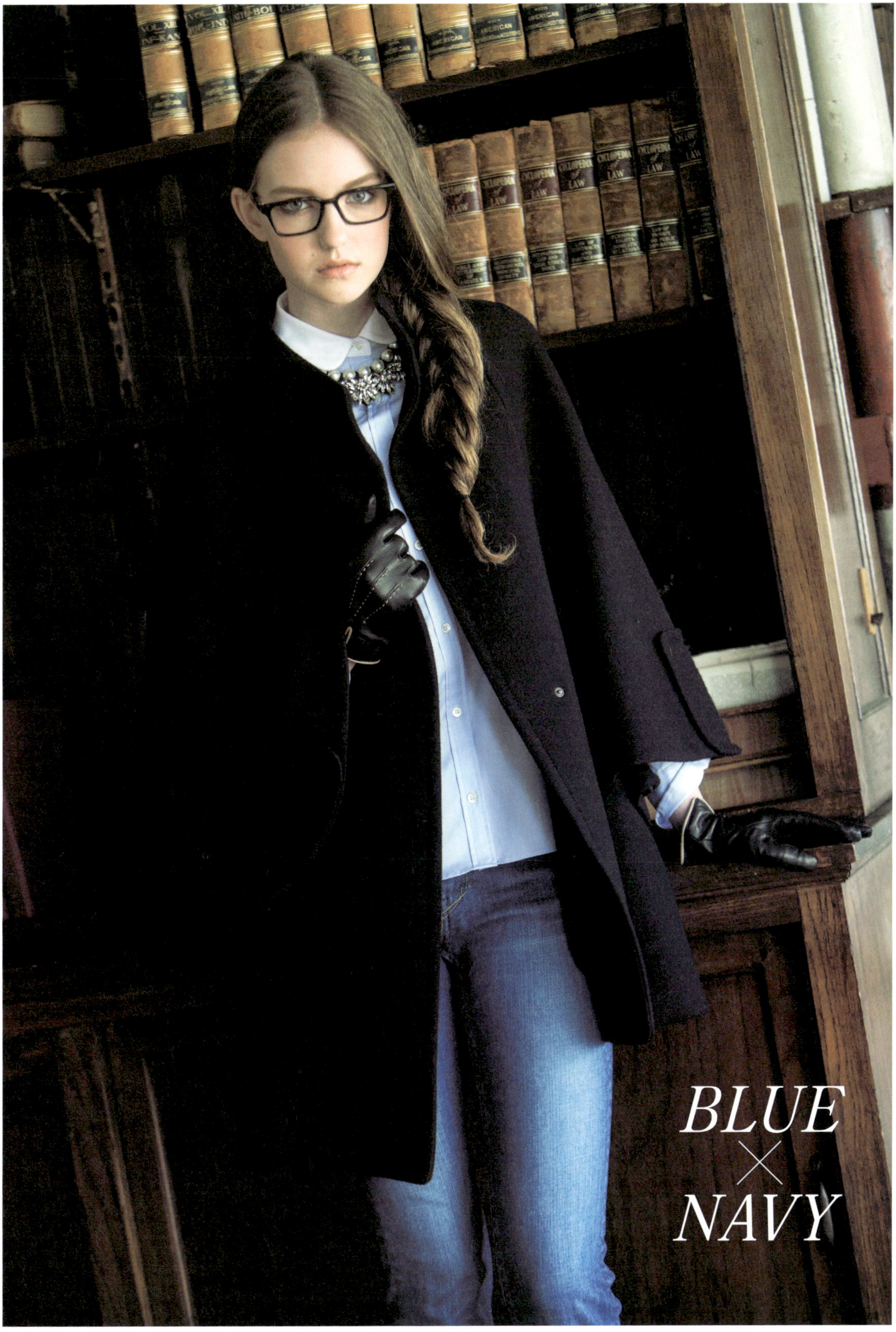

BLUE
×
NAVY

2. *What's white?*

白を制すれば、色に上達できる

白は色、というより光。
正しく使えば、着こなしに立体感が生まれる

白は「光」。効果的な位置に、効果的な量だけ使うと、大きな威力を発揮します。イメージとしては、メイクで使う白。例えば鼻筋に使う、ラメの入ったパウダー。目頭に入れる、アイシャドウ。口紅のような、色としての役割ではなく、鼻をすっと高く見せたり、瞳に透明感を与えるためのもの。一見脇役に見えますが、功績は大きいのです。

白という光を上手に使いましょう。顔の近くに配置すれば、レフ板のように表情にダイレクトに働きます。たとえパールのピアスでも、その効果は絶大。もしくは、グレーや黒でまとめた全身に、真っ白の靴。これだけで、全身がうんと軽やかになるのです。ネイビーのニットからのぞかせた、コットンの白。清潔な光は、着こなしに深みを生み、あえて2色のコントラストをつけることで、ネイビーをもクリーンに見せてくれる。白を使いこなすことで、ほかの色が明らかに生き生きと際立ってくるのです。

For you who waver in tomorrow's dress. _ *Page 53*

3. Skin color

素肌の色で、
似合う色は変わる？

「色白さん」には、
メリハリのある色使い

色が白い人は、その「透き通るような肌」は明るい色のアイテムだと考えたほうがいい。その美しさは、コントラストを思い切りつけることで、強調されます。似合う色は、例えばモノトーンのように、明快で強さのある色合わせ。素肌を、白のシャツや、小さく巻いた白のストールのようなものだと考えればいいのです。

「焼け肌さん」は、色同士の境目を曖昧に

年中日焼け肌をキープしている「焼け肌」さんも、そのこっくりとテラコッタ色に色づいた素肌を、アイテムと考えます。けれどそれは白ではなく、深みのあるベージュ、という捉え方。コントラストをつける、というよりは、色と色の境界線をつけないイメージ。白と淡いブルー、そして素肌の深いベージュ。メリハリのない3色が、美しく調和していると、素肌の健やかさが生きてくるのです。

Q1 ベースカラーとベーシックカラーの違いは？

A ベーシックカラーは、多くの人のワードローブの土台になってくれる色。おすすめはネイビー、グレー、黒、カーキの4色です。P44に詳しく書いてありますので、参考にしてみてください。ベースカラーは、その4色の中から、自分で探し当てた自分のベーシックカラーのことです。

Q2 素材と色には関係がありますか？

A 答えはYESです。例えば、色の幅がほとんどない黒。黒は誰が見ても黒で、例えばグレーのように、ベージュに見えるグレーや、ネイビーではないかと思えるグレー——など、見る人によっての差異がほとんどありません。その黒は、素材によって、見せる表情を変えるのです。シルクの黒は艶っぽくセクシーで、レザーの黒は強くて格好いい、カシミヤの黒は温かくフレンドリー……といったように。素材、それに乗る色で、キャラクターを変えるのです。

Q3 年相応のピンクの選び方とは？

A 素肌の色や瞳、髪の色にもよるので、一概には言えませんが、透明感のあるパステルが幼児に似合うとしたら、その色をどんどんグレイッシュにしたピンクが、大人のピンクとなります。理由なく「好き」という場合もあるので、そうしたケースでは、顔色に直接作用しないボトムスに採用する、シューズやスカーフなど小さな部分で取り入れる、などの工夫を。

大草さん！

色について教えてください！

Q4 ムートンブーツは何色が使いやすい？

A これも、人によって違います。アウターとの色のバランスで考えるといいでしょう。黒やグレー、カーキには黒。ネイビーやベージュ、キャメルならブラウンがおすすめです。

Q5 黒のワンピースの、日常の着方とは？

A 決め手はバッグです。大きなバッグを持てばカジュアルに、小さなクラッチバッグならフォーマルに見えます。バッグのサイズは「日常感」を表すので、見せたいイメージによって選びましょう。

Q6 チェックのストールで、おすすめの色は？

A これも、人によって答えは違います。自分と自分のワードローブにぴったりと合う1枚を選ぶコツは、手持ちの服をじっくり観察してみることです。クローゼットを開けて、トップス、ボトムス、靴、バッグを取り出してみてください、それらのアイテムの、それぞれの色を「つないでくれる」チェックが、あなたのチェックになります。チェックのストールを第一印象で買って、そこに合わせて服を選びとるのではなく、共通項のないアイテムたちをぎゅっと束ねてくれる存在だと、考えて下さい。

※註：本書掲載の「Q&A」の質問は2013年に期間限定で開設したブログサイト「大草直子さんへの質問＆相談大募集」に寄せられたものからの抜粋です。

For you who waver in tomorrow's dress. _ Page 58

Chapter.3
about　Sense

センスとは何かを考える

センスとは、そのほとんどが先天的なものではなく、後天的なものである。小さな頃から素晴らしい骨董品を見て育ったとか、そういう環境がつくることではない、訓練の賜物です。しかも、それは学校に行って習うようなことではなく、毎日毎日の「服を選ぶ」「服を着る」という、日常のシーンでピックアップするものなのです。

一朝一夕では身につかないもの。それが「センス」です

センスは、お金で買うものではなく、知性で手に入るもの

10代の頃、私服の高校に通っていた私は、いつもいつも何かを不安に思い、何かがないことを嘆息していた。それは、顔の美しさやスタイルの良さにないものねだりをするよりも、深い問題だったように思います。いつもいつも探し求めていたのは、「センス」。

隣のクラスにいた1学年年上の同級生。留学した後、私たちの学年に「下りてきた」彼女は、本当におしゃれで目立つ存在でした。真っ白なボタンダウンのシャツに、洗いざらしのジーンズ、足元はアディダスのスタンスミス。高校生で、ここまでシンプルにそぎ落とせるなんて、やっぱり彼女は「センスが良かった」のだと思います。10代では、こうしてきっぱりと「センス」、その良し悪しが出てしまうのも理解できる。まだまだ、お母さんのお腹の中から持ってきたものがものを言う世代。自分で意識して着こなしを考えるキャリアも、きっと数年程度なのだから。

では、「センス」を持っていない人は、永遠に手に入らないのでしょうか？　答えはＮＯです。気付いた時から、毎日行う自分へのスタイリングで、練習を重ねればいいのです。自分の体型を美しく見せてくれるシルエットは何だろう？　自分自身も

人生も託せる色は、何色だろう？　買った服が、ハンガーに吊るしてあるより何倍も素敵に見える着方は、どんな着方だろう？生まれつきの――という奇跡のような贈り物を持つ人を羨ましく思う前に、こうしたことを真剣に考え、探し続ければいいのです。私自身、不公平は存在すると気付いた10代から、毎日続けています。「考えながら、真剣におしゃれをする」ことで、天からの贈りものとしてのセンスはないけれど、努力は惜しまずにいようと決めたのです。

そしてこの訓練のような習慣は、今後もまだずっと続きます。終わりはありませんが、半世紀の50年続けたときに、「センスが良い私」と認めることができたら、それでいいのです。

1. Standard

自分にとっての定番を知ろう

安心できるけれど、アップデートは必須

体型に合っていること。生活スタイルにフィットしていること。そして、この先も買い続けられること。こういったことを満たすのが、定番アイテム。もしかしたら、安心できるアイテムとも言い換えられるかもしれません。どこから見られても自信が持てる安心感、無理をしなくてもいい安心感、そして、この先も私を支えてくれる安心感は、何にも増して着る人を魅力的に見せてくれるのです。

例えば、長年クローゼットにあるのに、結局毎シーズン大活躍してくれるもの、流行のアイテムに挑戦したいときに、自然と手に取るものが、あなたにとっての定番アイテムです。おろしたてのブランドのバッグを、自分に引き寄せたくて手に取る着古したデニム――のように。

日々変化するスタイリングや、ワードローブをも受け止めてくれる存在ではありますが、そのかたちや素材、色は、ずっと同じでは問題です。変わらないからこそ、進化は必要、と覚えておきましょう。

Ensemble

ジョンスメドレーに代表される、同素材、そして組み合わせることを前提に作られたツインニット。セットではもちろん、単品での使い回しができるから、定番アイテムには最適です。ボタンに装飾がないこと、カーディガンが長袖であること——が大切。

1.Standard

Jacket

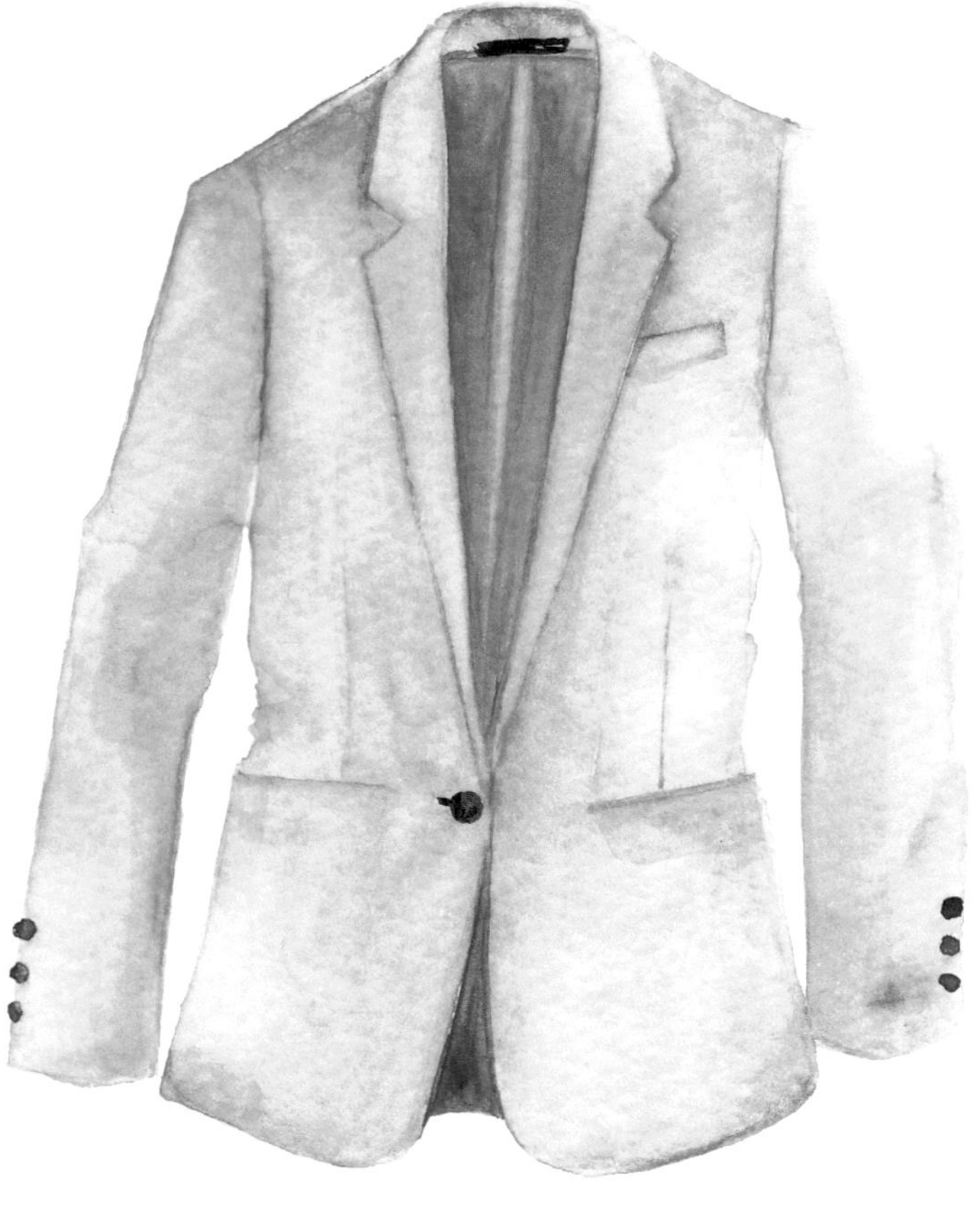

仕事のシーンで必要なだけでなく、自分の身体を鋭角に、凛としたラインに見せたいときには絶対に有効なジャケット。週に3回使うものではないけれど、必ず持っていたいアイテムです。ラペルが細いシングルタイプが、合わせやすいです。

Border T-shirt

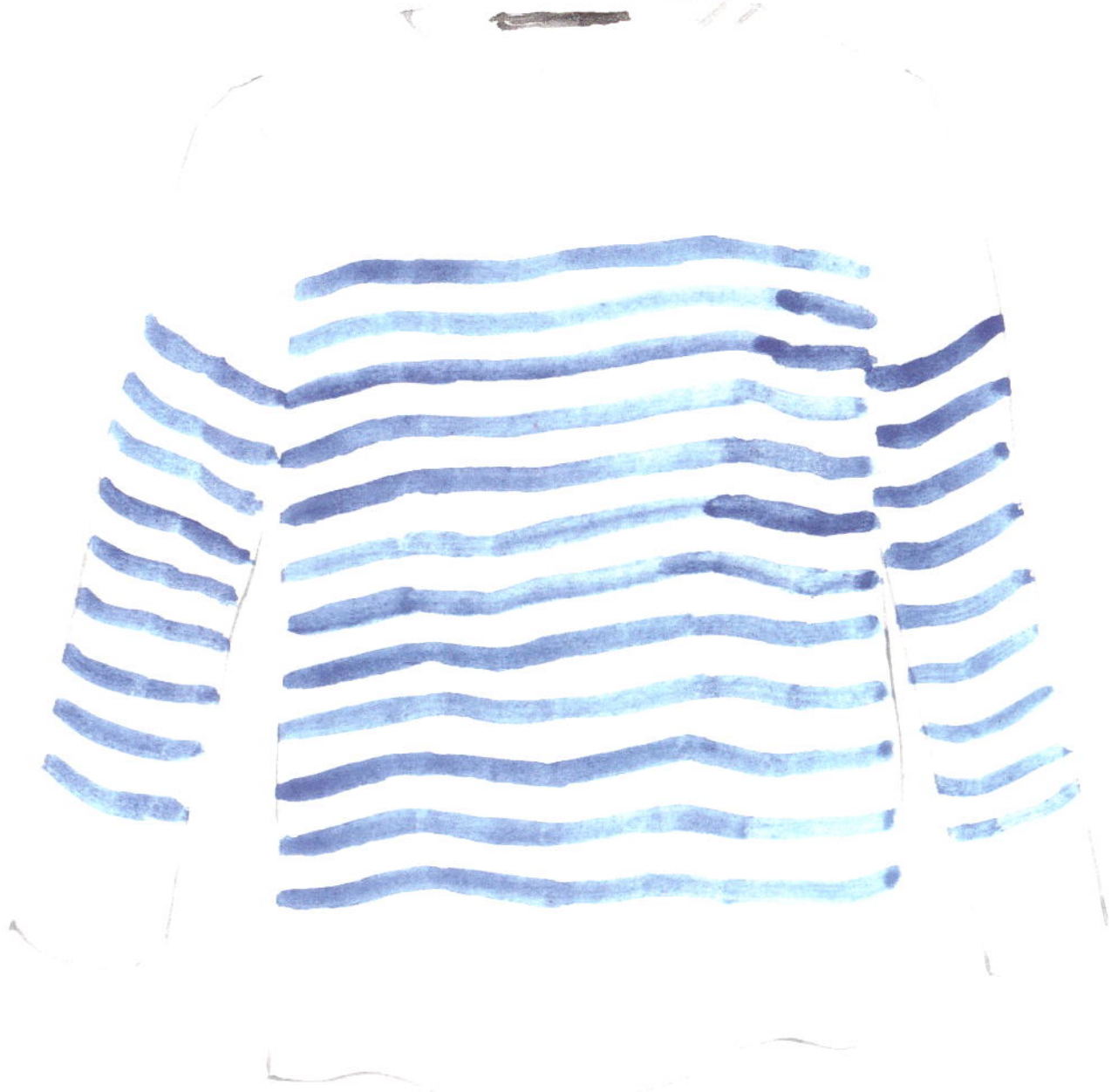

Denim

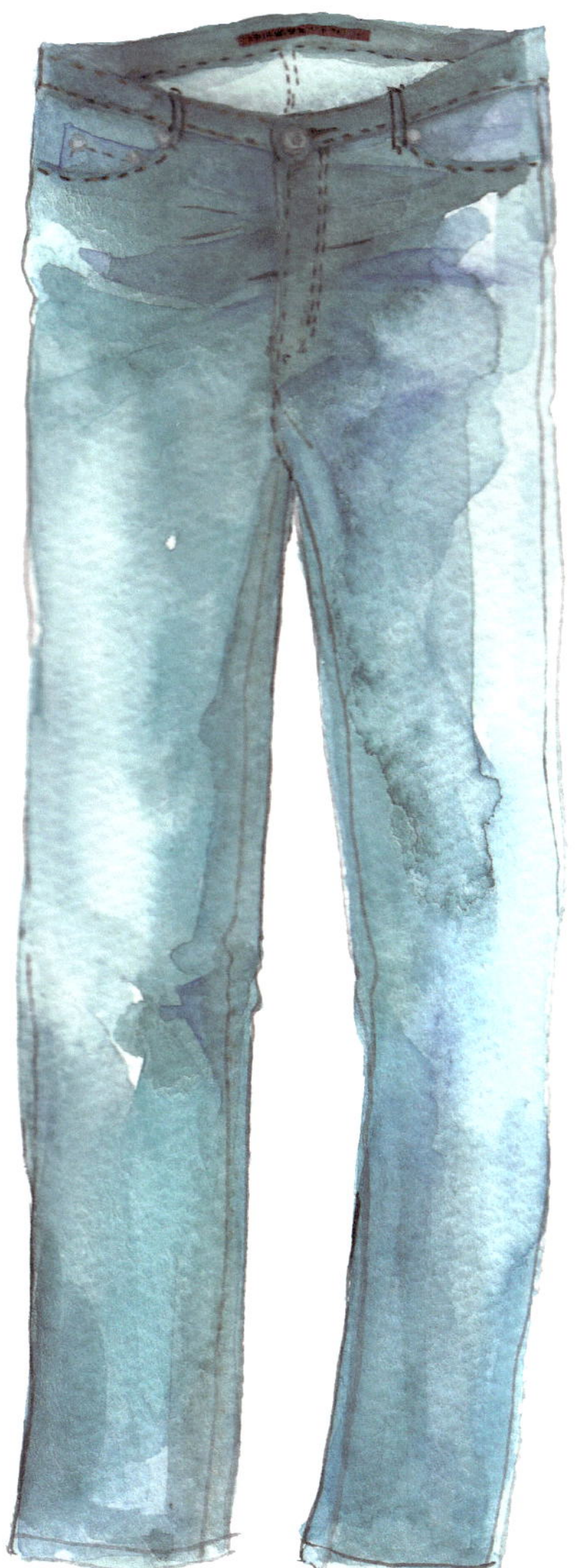

水兵の制服として、その歴史をスタートさせたボーダーTシャツ。明快で爽やかな2色のリズムが、顔をうんと明るく楽しげに見せてくれます。カジュアルに合わせるのはもちろん、エレガントなギャザースカートや、ハンサムなパンツとも似合う実力者。

デニムは、2年に1度は見直したほうがいい。生地の厚さやダメージの入り方、リベットなどのディテールも、はっきりと「今のデニム」か「前のデニム」かを語ってしまうから。2年を目安に買い換えて欲しい。デニムが新しければ、絶対に着こなしは新しくなる。

chapter3. about Sense

1.Standard

BASIC KNIT

クラシックな着方をしても決して古くならないのが、ツインニット。着方を変えるだけで、印象を操作できるのです。

JACKET

整ったシルエットのジャケットは、合わせや着方をくずしても、最後まで凛々しさを失わない。Tシャツと、中折れ帽で。スタイリングは自由に。

chapter3. about Sense

1.Standard

デニムは厳しい。体型の変化をシビアに指摘する。けれど同時に優しい。どんなスタイリングにも似合い、そして、まるで第二の素肌のように、安心感をくれるのです。

DENIM

BORDER T-SHIRT

白とネイビーしか使っていないのに、地味に終わらないのは、楽しげなボーダーがあるから。まじめな色合わせを、リズミカルに見せてくれるのです。

2. Trench coat

歴史のあるものの意義

存在する理由を知ると、「私らしいおしゃれ」を任せたくなる

機能を満たす、実用を備える。そんなアイテムを代表するのは、やはりトレンチコート。英国軍の雨具として生まれたコートは、誕生当時のかたちをほとんど変えずに、今なおあり続けます。倒れた仲間を引き上げるための肩章、手榴弾を下げるための、ベルトに付けられたDカン。ベーシックに忠実なこの1枚が、どれだけのスタイリングの広がりをプレゼントしてくれるのでしょうか？　何にでも合わせやすいことはもちろん、前を開けて、ウエストを絞って――着方によっても、印象をがらりと変えることができるのです。

絶大な信頼に応えてくれるだけでなく、毎日のおしゃれをワクワクするものに変えてくれるモチベーションをくれるトレンチコート。10年、もしかしたら20年は「もつ」ものだから、楽しみを後にとっておかず、できるだけ早く手に入れたい。もちろん、ベーシックな1枚を。

For you who waver in tomorrow's dress._Page 71

3. Down coat

とにかく好きなもの

「好き」という感情も、
アイテムが定番になる理由になる

やっぱり「好き」が一番強い。だからこそ大切にするし、だからこそ、スタイリングに工夫もします。好きなアイテムは、当然人によって違うけれど。例えば、ダウンベストのような。真冬には着られない「制限されたアイテム」ながら、重ね着をする楽しさを連れてきてくれるのです。薄手のニットに羽織るのも、シャツとジャケットにレイヤードしてもいい。着るたびに、何だか工夫したくなる。こんなアイテムが1着、クローゼットにあったのなら、きっと、手に取る度にワクワクするでしょう。

気持ちを左右するアイテムにも背を向けず、理由がないことを認めながら、相棒になってもらう。こうして、理屈と理由をきちんと語れる「定番アイテム」と、感情が動く「定番アイテム」が揃っているワードローブを持てたなら、どんな朝でも迷わずに、その日の服を手に取ることができるのです。

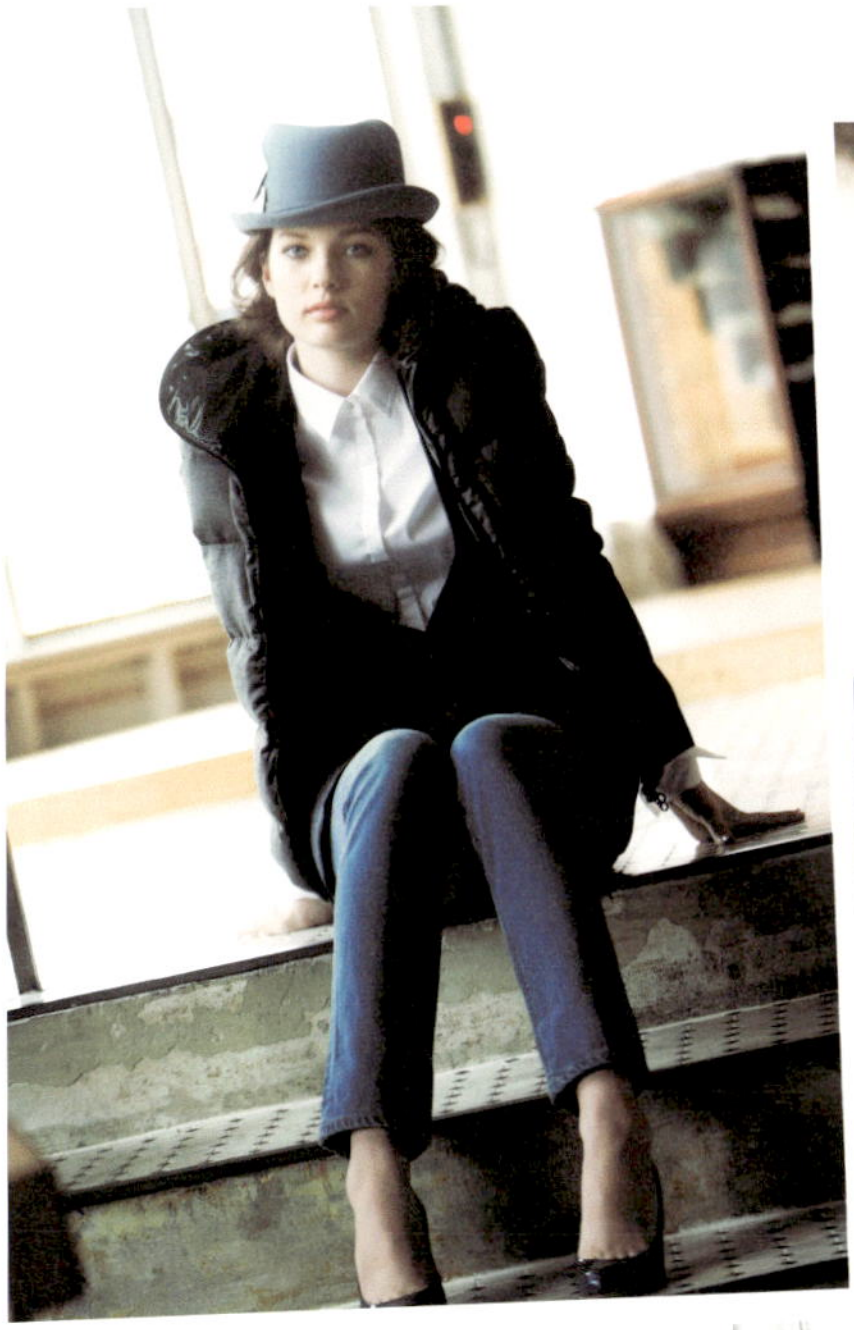

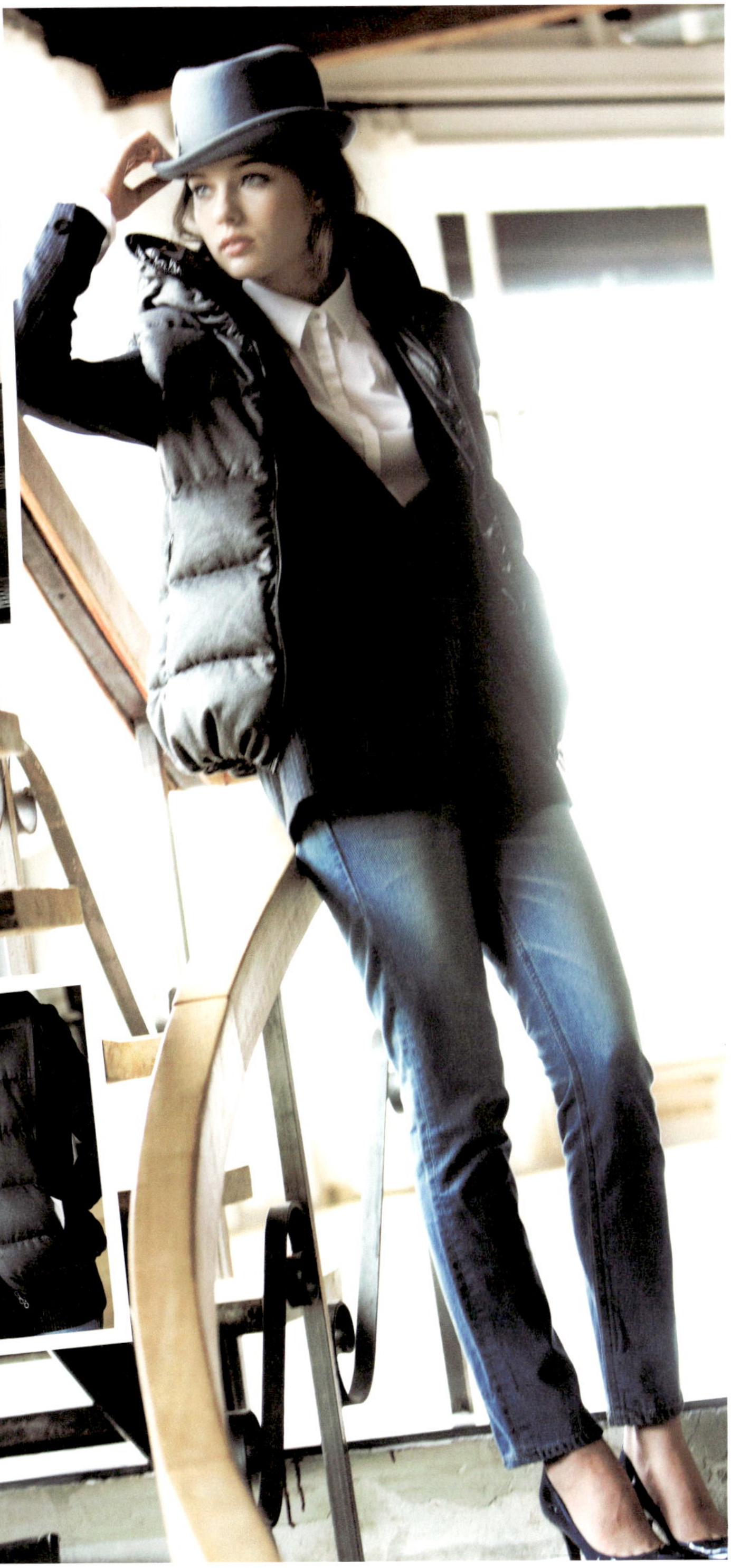

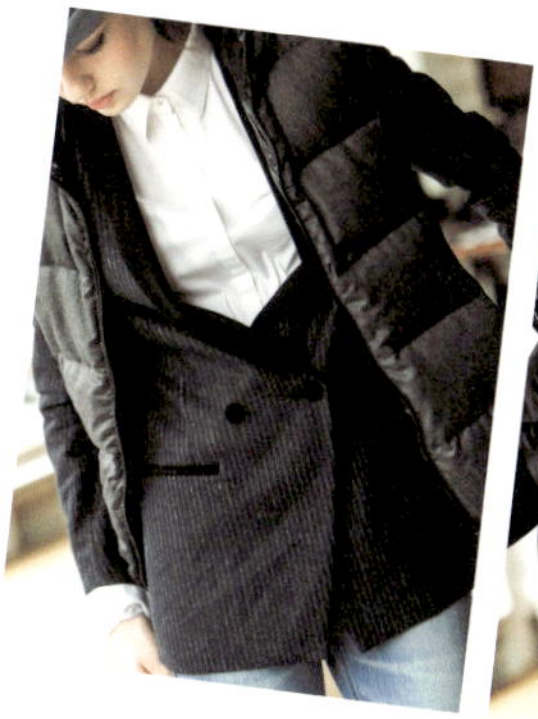

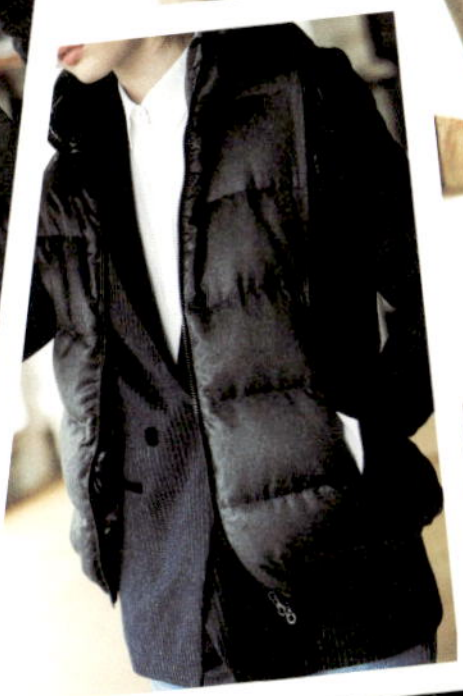

For you who waver in tomorrow's dress._Page 73

4. Fashion of mom

ママとおしゃれは、同時に実現できる？

おしゃれは強制ではなく、その程度を決めるのは自分

「ママであること」と「おしゃれをすること」は、よもや同時には叶わない、とされてきました。もう、ずいぶん長く。ただし、働くことと産むことを、両方手に入れることを社会が容認するのと時期を同じくらいにして、おしゃれなママは、確かに増えた気がします。もし、おしゃれをすることが、自分の気持ちを上げ、精神を安定させ、子供と穏やかに向かい合えるなら、それは、確かに有効でしょう。自分自身が幸せでなければ、目の前にいる子供だって幸せにはできないから。そのためには、間違いなく正しいやり方です。ただし、自分一人でいるとき以上に、この日のおしゃれは、何のためか、ということをシビアに考えなければいけません。自分のために——はとても大切だけれど、それが自分のためだけに、になってはいけないのです。

　例えば、「したいおしゃれ」を優先するあまり、公園にハイヒールで登場するママ。まだ危険な状況を察知できない子供が、急に道路のほうに走り出したら追いかけられるのか、ハラハラしてしまいます。または、芝生の上にヒールで穴を作り、他の子供がケガをしたらどうするのでしょうか？　誰のためのシーンで、誰のための場所なのかを考えることが、特にママには大切なのです。

For you who waver in tomorrow's dress._Page 75

4.Fashion of mom

自分のペースで楽しみながら。おしゃれよりも、大切なものがある時期だから

子育てに邁進する時期は、おしゃれをサイドに置いたっていい。3人の子供を産んだ私は、切実にそう思います。生まれたばかりの赤ちゃんは、日に夜に何度も授乳をしなくてはいけないし、子育ては、暇さえあれば横にならないといけないほど、体力を奪われる仕事です。そんなときに、もし「おしゃれをすること」がストレスになるようなら、いっそ、忘れたほうがいい。毎日洗濯が簡単なコットンのＴシャツを着続けたっていいのです。

メディアに標榜された「輝くママ」は、ごく一部のイメージであり、それによって、自分を責めたり、無茶させたりしなくていいと思っています。人生には、おしゃれをすることよりうんと大切なものが出現する時期があり、そこで、自分の人生の価値観を知り、そしてまたおしゃれを楽しめる時が来たときに、その意味を理解するのだと思います。

おしゃれとは、誰もが手にすることができる権利ではありますが、義務ではありません。声を大にして言いたいことです。

子供は、その存在自体が
フレッシュで色鮮やか。
ベーシックカラーが似合うのです

肌が艶やかで髪も健やか。子供は、子供自体の素材が美しく、カラフルです。それにかぶせるようにして、服で色や個性を足さなくてもいい。そう思っているので、我が家の子供たちはティーンネイジャーになり、その意思を大切にしたい時期が来るまで、着る服はとてもベーシックです。ネイビーのポロシャツやグレーのワンピースなど。夏になると、そこにギンガムチェックのシャツやヒマワリ色のスカートが加わりますが。基本的には、オーソドックスなものばかり。一見地道なアイテムが、子供たちの個性や愛らしさ、生命力を引き立て、しかも、シンプルでベーシックであることが、着こなしの可能性を広げてくれる——ということを、学ぶことができるのだと思います。

ただし、ティーンネイジャーになると、子供たちの意向を大切にするようにしています。おしゃれは自分を表現するツール、ということが理解できたときは、あまりうるさいことを言わずに見守るように。長女は私では思いつかない小物合わせなども楽しんでいますが、土台に幼児期の記憶があるからか、個性を逸脱したエキセントリックな装いにはならないようです。

Q1 ズバリ、垢抜けるには?

A 1に努力、2に努力です。自分の体型を客観視し、最も美しく見えるシルエットを研究し、自分なりの着方を研究する。それをしないでは、「垢抜ける」ことはできないのです。もともとは、着物の着方や芸事が、素人っぽくなく粋で、洗練されている——という意味。やはり、天からの贈り物ではなく、努力と訓練があってこそなのです。そのおしゃれの仕方に自分なりの工夫が見え、型どおり、規則どおりではない、という風情を身につけられたら、それは垢抜けている、ということなのでしょう。

Q2 自分のおしゃれに自信をもつためには?

A これもまた写真を撮ってください。髪型のバランスや色合わせ、サイズ感など、一発で「他人の目」になれます。数え切れない人の目を気にすることはありませんが、自分という存在を、他人の目で見ることができ、そしてその姿にOKを出せたなら、それがすなわち自信なのだと思います。

Q3 定番にも流行はありますか?

A あります。定番=永遠と思わないことです。定番こそ、ディテールの変化が出てしまいます。肩の大小や素材、丈やシルエット。そんな細かい部分は、7年毎には見直したほうがいい。ずっと同じで素敵……は、ほとんどありません。「一生もの」としてキープできるのは、エルメスのケリーバッグしか思い浮かびません。

Q4 アイメイクだけの化粧はありですか?

A もちろん、ありではないでしょうか? ただし、もちろんファンデーションが必要な装いやシーンも存在します。TPOとは、人が、場所が、目的がおしゃれを決める、ということです。メイクも同じです。

Q5 ネイルアートは必要でしょうか?

A 自分で必要だと思えば施せばいいし、そうでないなら、やめればいい。答えは簡単です。ちなみに私はしていません。理由は2つ。1つは、爪にあまり多くの情報をもたせるのは好きではないから。2つ目は、時間がないから。明快です。なので、丁寧にネイルアートをしている周りの人をジャッジすることも、逆に羨ましく思うこともないのです。

Q6 流行が表れる、洋服の部位はどこですか?

A アイテムにもよりますが、カーディガンなら袖の太さ、ジャケットならラペル(襟)の太さと、肩パッドのあるなし。パンツならウエスト位置と丈。スカートは、シルエットでしょうか。小物で言うと、靴はヒールの太さ、バッグはショルダーの長さです。

※註:本書掲載の「Q&A」の質問は2013年に期間限定で開設したブログサイト「大草直子さんへの質問&相談大募集」に寄せられたものからの抜粋です。

For you who waver in tomorrow's dress. _ *Page 80*

Chapter.4

about Detail

全身はディテールの積み重ね

首が詰まったブラウスに、いつもの習慣でつけてきてしまった鎖骨までのネックレス。本当は黒に近いネイビーを合わせたかったのに、間に合わせの黒のタイツ。こうしたミスジャッジを避けるために。まずは、小物を取り出しやすく見やすくするよう、環境を整えましょう。そして、スタイリングは、予定や天気をチェックして、前日に終わらせておくことです。その人のおしゃれへの姿勢を表すディテールは、ほかの言葉にするなら、“余裕”かもしれません。

「その人の印象」は、首元のパールで上質なストッキングでできている

人の視線は、美しいディテールに留まる

新入社員としてお世話になった雑誌の編集長は、当時から本当におしゃれな方だったけれど、その記憶は、たくさんの「小さな部分」で支えられていました。例えば丁寧に塗られた薄い桜色のネイルに、小ぶりなエベルの時計の組み合わせ。光沢が美しいランバンのストッキングと、エナメルの紐靴の足元。すべてこれみよがしではないのに、強いインパクトをもって、今でも覚えているのです。

「人に抱く」印象は、こうして、ディテールの積み重ねでできています。完璧に整えたスタイリングでも、ジャケットからのぞく白のシャツのカフスの裏が、うっすらと汚れていたら。もうそれだけで、ネガティブなイメージを、確かに、しかも強く残してしまいます。全身のシルエットや色使いが、実はすぐに忘れ去られ、こうしたディテールだけが強いインパクトをもってステイするのはこのためなのです。

その日の着こなしを決めるときに、私は2つの視線をもつようにしています。鏡から1.5メートル離れて確認する「客観性」。まずは、シルエットが自分の体型に合っているかを確認します。色合わせが美しい調和を描いているかをチェックするのです。必ず後ろ姿とサイドも。そうしたら、今度は至近距離、30

センチの目。この視線で確認するのは、衿の形とパールの長さは合っているだろうか。素肌に重ねたタイツは、靴の色にフィットしているだろうか。この視線でチェックしたディテールは、自分のあり方や、その朝の余裕のあるなしまで語ってしまう――「プレゼンテーション」だと覚悟して、その日の服を決めるのです。

1. Leg wear

清潔感は足元から

タイツやソックスは、立派に「アイテム」の1つ

冬の素材。ふくふくとしたツイードや厚手のウールなど。表情豊かなこうした素材は、ナチュラルストッキングで覆った脚や素脚ではなかなか支えられません。

秋冬のおしゃれにとって、タイツやソックスは「アイテムの1つ」。カシミヤのニットやトレンチコートと同じくらいのパワフルなアイテムなのです。だからこそ、「間に合わせ」は避けたいし、カシミヤのニットが1000円で手に入らないように、それなりに予算をかけることも必要。

色も質感も、その日のスタイリングとぴったりの足元を手に入れられたら、間違いなくおしゃれの偏差値はぐんとアップするはずです。

タイツの選び方

柄のスカートには、チャコールグレー

さまざまな色が使われた柄のスカートには、マットなグレーを。スカートと素材のコントラストをつけましょう。

カーキに合わせたグレーブラウン

カーキのスカートのような、「色のボトムス」には、赤みを抜いたブラウンのタイツを。グレーがかった――が大切。

ソックスの履き方

パンツの裾には
メンズライクなソックスを

冬の9分丈のパンツは、靴と裾の「すきま」を、マニッシュなソックスで埋めます。少し厚手、ハンサムな柄ならOK。

同色の靴で
ショートブーツのように

薄手のソックスは、どんなタイプの靴とも合います。スリッポンと合わせれば、足首までのブーツみたいにカジュアルに。

とあるプロジェクトで、男性にアンケートをとって驚いたことがあります。仕事の場面には限るのですが、ナチュラルストッキングを「履いていて欲しい」、「履いている人はきちんと見える」という結果が出たのです。私のような、厳しいドレスコードがない仕事だと、素足かタイツか——の選択肢で許されるし、ナチュラルストッキングを履いていないことで、「だらしない」と思われることもありません。ただし、スーツ姿の男性にまじって仕事をする女性にとってナチュラルストッキングは、もしかしたら、ファンデーションと同じ役割をもつのかもしれません。いくら素肌が美しかったとしても、ジャケットやブラウス、というアイテムに、ノーファンデーションのすっぴん肌は浮いてしまう。ストッキングも同じことなのでしょう。素肌を、素脚を装うことで、「社会性」を表現するのです。

きちんとした仕事の場面、もしくはお悔やみの席、神前や仏前に上がる時——は、有無を言わさず、ドレスコードとしてストッキングが必要になります。自分の素肌の色や状態、質感の好みなどでファンデーションを、たくさんのブランドや商品の中から吟味するように、ストッキングも。色、薄さ、光沢、

Column 1.

ストッキング“*Yes*”or“*No*”

つま先のデザインなど——スカートからのぞく、もしくはパンツの裾にちらりと見える素材や色は、思った以上に目立ちます。習慣で買いだめしたものを履くのではなく、パンツやニット……といった、着こなしを組み立てるためのアイテムの1つとして考えましょう。

そして、「履かない」シーンも、実は多々あることを付け加えます。リネンスカートや荒く編んだコットンのワンピース。素材がラフなものには、素肌感が残るメイクが合うように、素脚でナチュラルに。ストッキングで毛穴や生っぽさを消した脚は似合いません。ただ何となく、や、ルーティンで——と、脚のおしゃれをなおざりにしていてはもったいない。その役割の大きさを認識して、使いこなしたいものです。というわけで、答えは”Yes“であり、”No“でもあるのです。

2.Foundation of styling

靴は着こなしの基礎

靴は意外と雄弁。口数が多いアイテム

「足元を見る」という言葉があるように、知性やおしゃれにかける情熱は、靴に見ることができます。高価なものでなくてもいいのです。これでなくては、というベストなマッチングで1足が選べていて、しかもその靴は、愛情をかけられ手入れが行き届いている。それが大切です。靴への愛は、そのまま着こなしの愛へとつながるのです。

靴を間に合わせの小物と考えたり、まったくの実用品と考えるのではなく、その人のおしゃれを支える基礎だと意識しましょう。

スタイリングもときに靴からスタートさせると、思いもよらなかった組み合わせや、なかなか実現できなかった美しいバランスが手に入るのです。

どんな服にも合う、曖昧なカラー

実は「黒の靴」ほど難しいものはありません。インパクトが強すぎるのです。仕事の場面でもカジュアルでも。パンプスは、ネイビーブルーやグレージュなど、きっぱりとわかりやすい単色でないほうが使いやすい。

「可愛い人」になれる真っ赤なバレエシューズ

くるぶしが完全に出る丈のパンツなら、どんなデザインでも合います。フラットでもハイヒールでも。ネイビー×白のマリンスタイルには、少量の「真っ赤」を。それも足元だから目立つ。赤の口紅のような感覚で。

2.Foundation of styling

グレーが強いベージュは、本当に使いやすい。グレーのグラデーションにも「いけるし」、例えばベージュと黒のモノトーンなんていう着こなしにも「いけます」。

困ったときの救世主。
とにかく合せやすいのはヌードカラー

素脚にも似合い、もちろんナチュラルストッキングをはじめとするレッグメイクをした脚にも似合うのが、「こんなヌードカラーのシューズ」。そして、合わせる服の色を限定しないので、迷ったら、ヌードカラーの1足を。

通年使えるのは、この1足みたいなパテント素材。上品な光沢があるから、脚の質感を選びません。素足でも、真冬のマットなタイツにもよく似合います。

素材自体が光沢レス、マットなスウェードは、逆に少しシャイニーな素材のストッキングとも相性は抜群です。制約があって厚手のタイツは履けない人にはおすすめです。

2.Foundation of styling

L'AUTRE CHOSE

"他とは違うもの"という意味のブランド名。毎シーズン出る、絶妙なニュアンスカラーに注目。

PELLICO

ベーシックに、エレガンスを加えたフォルムが秀逸。つま先のクッションなど、履き心地も追及している。

インポートシューズ。ブランドの特徴を知ること

FABIO RUSCONI

様々なTPOに合わせた、バラエティ豊かなデザインが揃う。日本人女性にぴったりの木型もポイント。

Pretty Ballerinas

熟練の職人が丁寧に作り上げる1足。上質な素材を使った、ポインテッドトゥなら、レディシックに。

sergio rossi

緻密な計算を重ねた無類のデザイン。安定感のあるプラットフォームだから、ハイヒールでも颯爽と歩ける。

Manolo Blahnik

構築的で気品ある、マノロ ブラニクの靴。ストラップのついた、“メリージェーン”なら、振る舞いも優雅に。

Christian Louboutin

華奢で繊細、そして軽やかな、フランスの香り漂うシューズ。真紅のソールで、後ろ姿は女っぽく、艶っぽく。

JIMMY CHOO

時代を超えて愛されているのは、美しいカーヴィーなラインと、履きやすさをあわせ持っているから。

「ニューシューズ」でのニューバランス

「足元」のバランスを変えると、去年までの服も、全く違う気持ちで着こなせる

次の日のコーディネートを考えるとき、どういう順番で組み立てますか？ トップスを決め、その次にボトムスを。もし冬なら、その後コートやアウターを決定し、バッグ。最後に靴――という人が多いのではないでしょうか？ 顔の印象にダイレクトに作用するトップスは、感覚として「メイク」に似ているので、自分が作った「自分らしさ」にしばられてしまいます。似たようなトップスを選ぶと、当然合わせのボトムスやコートのセオリーも決まってしまうから、結果、着こなしがワンパターンになってしまうのです。

そこで、最後に「実用品」としてプラスしていた靴から、着こなしを考えてみましょう。もし、「いつも同じ印象になってしまう」と悩んでいるのなら、まず靴のテイストをがらりとチェンジ。女性らしいきゃしゃなパンプスや、フラットでもバレエシューズなどを愛用している人は、足元をメンズライクな紐靴に。重量感のある足元が支えてくれるから、ボリュームのあるスカートにも挑戦できるし、そのスカートとバランスをとるために、ウエスト位置も今までよりぐっと上がるでしょう。合わせる小物のテイストや大きさも、自然と見えてきます。スタイリングの順番を変えることで、今まで想像もできなかった組み合わせや新しいバランスが手に入るのです。

是非挑戦したいのが、
マニッシュな紐靴

この靴の「男の子っぽさ」があるから、ニットの帽子やざっくりしたニットにも手が出せるのです。

私のような仕事は、毎朝向かう場所が違い、時間帯もまちまちですが、ほとんどの仕事先へは、1時間以上かけて電車で行きます。最寄りの駅までも10分ほど歩きます。格好いいけれど重いバッグや、エレガントだけれど13センチもあるハイヒールは履けないのが現状です。「着たい服」や「見せたいイメージ」ばかりを優先するあまりに、本業が全うできないのは本末転倒ですので、私のスタイリングは長い通勤時間と、天気、そしてその日の予定で変わります。

例えば、持っていかなくてはいけない私物の服があり、荷物が多く、撮影が合間に入り、そして夜は会食。しかも雨の予報――なんていう日もあります。こんな日は、まず靴を決定。歩きやすく少々の雨なら対応してくれるから、防水スプレーをしっかりかけたエナメル素材の紐靴。ローヒール。たくさんの荷物はエコバッグに詰めて、チェーンバッグを2つ持ちに。先に、「実」を満たすアイテムを決めてしまうのです。

次に選ぶのは服。ローヒールゆえ、パンツかもしくは、長めのスカートは絶対。会食があるので、デニムは自動的にはずれます。ラインがぱりっとしていたほうが格好いいウールのパンツは、撮影時の動きを制限するので諦めて、Aラインに広がる、ハイゲー

Column 2.

実用か、スタイルか？

ジのニットのワンピースをチョイス。色はグレー。ゆったりと身体を包んでくれるので、動きやすく、長時間着ていても疲れなくて、しかも大ぶりなネックレスを足せば、夜の会食にも対応できるのです。荷物を詰めたエコバッグはオフィスに置いて帰るか、宅配便で送ってしまったりもします。やはり、夜の予定には、日常は置いて、小さなバッグで出かけたいですから。

　こんなふうにスタイリングを組み立てる私のおしゃれは、実用という土台に、スタイルが乗っているイメージ。その人の個性やおしゃれへの情熱を表すスタイルは、実用というベースがしっかり支えているのです。

3.Inner

手をかければ確実にきれいになる。インナーはメイクと同じです

素肌になじむ、女性らしい色とデザインを

白のシャツの「白」を生かすためにつけるのは、ベージュのブラジャー。素肌と一体化してくれる色を選びましょう。そしてデザインは、少し「甘め」。シャツは本来男性のアイテムなので、インナーで女性性をプラスするとちょうどいい。

白のシャツを着る前に
やらなくてはいけないこと

白のシャツは、その人の内面も、朝の時間の過ごし方も映してしまいます。その清潔感、抑制の効いた艶っぽさ、美しさを最大限に生かすために、インナーも心をこめて選ぶことが必要です。

3.Inner

さらさらとした質感の
「ラインが出ないもの」を

少しタイトなラインのレースのスカート。色は白。選ぶべきショーツは、スカートに下着のラインが出ないもの。ヒップの丸みをつぶさないもの。

ラインで履きたいのが、白のレースのタイトスカート

タイトフィットなスカートは、そのきっぱりしたラインが着こなしの要。スカートに映る、下着の輪郭は不要なのです。

3.Inner

ニットには、
まあるい胸とシルクのスリップで

ニットには丸い胸が似合います。レースなどの装飾も排除して、ニットの表面に「響かない」インナーを選びましょう。重ねるならタンクトップではなく、シルクのキャミソールを。ニットの「肌心地」を分断しない、肌触りの良いものを。

ニットを着る、ということは
「素材を着る」ということ

ニットを楽しむ、ということは、その色やデザイン以上に、素材を楽しむということ。カシミヤのしっとりとした質感や、ウールの素朴で暖かな心地よさを。素肌にダイレクトに伝わる素材のメッセージを、インナーウェアが邪魔をしてはいけないのです。

「汗じみが気になるのですが、どう対処していますか？」「靴の内側が汚れるのが嫌なので、インナーソックスを履いたほうがいいでしょうか」よく頂くのが、こうした質問。

いつもお答えするようにしているのが、「私は気にしません」。

いっとき、テレビ番組で話題になっていましたが、汗じみだって、真夏の暑い日にはしょうがない。自然の摂理です。気にするあまり、汗脇パッドを貼ったりもしません。万が一落っこちてしまったほうが恥ずかしいですから——。ただし、もちろん人前でのプレゼンテーションや、トークイベントなど、汗じみができていたら来てくださった方々も気になるかな、というときは、濃い色のトップスを着ない……などの根本的な対策はとっています。白やオフホワイトなら気になりませんし、素材もコットンよりもニットやシルクコットンのほうが目立たないようです。そして、ラグランスリーブなどの、二の腕からのデザインがゆったりしているものを選べば、更に気にならないと思います。

インナーソックスもそうです。靴から見えてしまうと嫌なので、スリッポンやスニーカー以外は、基本素

Column 3.

気にするけれど、「気にしすぎない」ということ

足で履いてしまいます。毎日履かない、靴を休ませる、履いた後は乾いた布でさっと拭く——などのケアはしていますが、やはり靴は消耗品。汚れは気にしません。靴を買う時に、真っ白の中敷きは選ばないようにはしていますが。

清潔感や手入れの行き届いている感じはとても大切ですが、気にし過ぎて、窮屈になりすぎるのは避けたいな、と思っています。汚れたらどうしよう……と先回りして心配するような服や靴も、行動を制限するので、よほどの時ではない限り、手に取らないようにしています。「気にしすぎない」、そして何を「気にするのか」を自分で決めることも大切です。

Q1 素足にパンプスをどう思いますか？

A 私は好きです。人がどうであろうと、あまり気になりません。好きならすればいいし、汚れが気になったり、居心地が悪かったらやめればいい。私がパンプスを素足に履くのが好きな理由は、靴のソールのアーチや、ヒールからダイレクトに届くブランドのメッセージを感じるのが好きだから。ジミーチュウの24:7は、ヒールと私の間に必ずクッションを用意してくれるし、クリスチャン ルブタンのハイヒールは、アスファルトを長時間歩くような生活スタイルには優しくありません。上質なレザーが、少しずつ自分になじんでくるような様子を感じるのも好きなのです。

Q2 パンツの下にはストッキングを履くべきですか？

A これも、生活スタイルや好みによりますね。個人的にはヒップラインがもたつく気がして履きません。冬場の寒さに耐えるためには、9分丈のパンツと靴をつなぐのは、メンズライクなソックスです。

Q3 夏のブーツはNGですか？

A 例えばショートパンツのように脚の素肌を生かす着こなしの場合、あえて足元を重くするのもおしゃれだと思います。もしくは、コットンのレースのマキシスカートの足元にも。素肌の分量を計算しながら、効果的な合わせ方をしたいものです。

Q4 スニーカーにストッキングをどう思いますか？

A 基本的にはないと思います。今の流行として、10代20代の若い女性たちが「脚のアラが隠せるから」とストッキングにソックスまで重ねてスニーカーを履いている姿を見ると、不自然な印象はぬぐえません。スニーカーは、もともとカジュアルにソックスを合わせるものなので、当然の心証です。

大草さん！

靴やバッグについて教えてください！

Q5 1足持っていて損はない、というシューズは？

A 難しいですね……。私の手持ちの中で考えると、グレー、そして表革のバレエシューズでしょうか？ まず通年履けることがポイント。夏は素足で、冬は厚手のタイツと合わせて。さらに、合わせる服の色を選ばず、アイテムも限定しないから、活用できるシーンが幅広い、というのも大切です。

Q6 洋服とバッグ。素材感やバランスはどう考える？

A まずバッグの素材感は、季節感を表します。ストロー素材はもちろん夏、コットンやキャンバスも。そして、スウェードも素肌が目立つ夏の着こなしのほうが似合います。対してエナメルや表革は、冬の服にぴったりとくる素材。まずは、ここを踏まえましょう。そして次に考えたいのは、色やサイズのほかに、そのバッグを「持つ場所」。肩に掛けるのか、肘に掛けて持つのか、もしくは手で提げるのか――身体のどこの位置にあるかで、印象は大きく変わるのです。

Q7 下着にデザイン性は必要だと思いますか？

A 下着は実用品であると同時に、嗜好品でもあります。気分を上げるためには必要ですが、肝心の服に響いてしまったら元も子もありません。着こなしによります。

※註：本書掲載の「Q&A」の質問は2013年に期間限定で開設したブログサイト「大草直子さんへの質問＆相談大募集」に寄せられたものからの抜粋です。

For you who waver in tomorrow's dress._Page 110

Chapter.5
about Wardrobe

ワードローブの整え方

ワードローブが整うと、まずすべてのアイテムが手をつなげるようになります。取捨選択をして決断をして、うんとコンパクトなワードローブを作ってみましょう。「仲間はずれ」を最小限にすることで、数少ないアイテムで最大限のスタイリングが楽しめるようになるのです。

行き来のできる、風通しの良いワードローブが理想

決めること、捨てること、諦めること。あなたのワードローブを作れるのは、あなただけです

コンパクトなクローゼットを完成させるコツは、まず先に、小物を決めてしまうこと。靴やバッグは、今のあなたの生活背景やもっているシーン、そして好みも如実に語ってくれます。まず、それぞれを4タイプくらいに絞ります。そうして選ばれた靴やバッグに似合うアイテムを、取捨選択していきます。

服を主体に考えるコーディネートはある意味、終わりのない作業です。組み合わせは、もしかしたら何十通りもできるかもしれない。それらに合わせる靴やバッグは、無限に用意しなくてはならないのでしょうか?

そんなことをできる人はいないので、先に必要な小物を決めてしまうのです。靴が決まると、ボトムスのデザインや丈、色が決まります。先に「好きなボトムス」をピックアップして、結局合わせる靴がなかったから間に合わせで——という事態も避けられます。ボトムスが決まると当然トップスで不要なものが見えてきます。色やライン、素材も。

そしてコートやブルゾンなど、アウターを決めるときには、手にした今のあなたのマストバッグを見てみましょう。ショルダーの長さとフォルムで、服に合うアウターの中から、バッグの

形が「絶対に手元に置きたい数着を選んで」くれるのです。そして最後はジュエリーやタイツなど。まずアクセサリーは、バッグの金具と相性の良いものを残してください。バッグはまぎれもなく実用品でありますが、スタイルを引っ張るメインアイテムなので、バッグの意見は聞きましょう。そしてタイツとストッキングは、靴とボトムスをつなぐ色や素材を吟味します。

こうすることで、意味のあるワードローブ、選び抜かれた精鋭たちだけが残ったワードローブができあがります。その時点で、どうしても足りないものは足していけばいい。選ばれなかった服やバッグ、靴や小物は、3か月ほかの場所に収納します。箱にしまったり、使う予定がなければスーツケースにしまうのも良いでしょう。その3か月の間に、どうしても必要になり引っ張り出すことがないアイテムは、もうこれからも「引っ張り出す」必要はないもの。思い切って処分してしまうことです。

私たちは、毎日全く違う印象の服を着ることは必要ないし、「クローゼットに架かっているからたまには着なくては」と、それほど自分の生活に大切ではない服に気を使うことはないのです。あれもこれも、と両手いっぱいに抱えないことです。隣同士の服が、バッグが靴が、何となくお互いを認め合って仲良くしてくれているワードローブは、その主人である「着る人」にも心地よい調和を生んでくれるのです。

1. Tops

シャツほどおもしろいアイテムはない！

買ってきたものをそのまま着ない。「慣れる」ことが大切です

普通に着るのはもちろん、ニットの下に、もしくはウエストに巻いてベルト代わりに――シャツって、本当にフレキシブルなアイテム。アイデアをかき立ててくれるアイテムです。

しかも、衿を立てる？ ボタンはいくつ目まで開ける？ 袖はどうする？「着方」も工夫しがいがあるのがいい！ 加えて言えば、丸みのある女性のボディラインを凛々しく見せてくれるから、スタイルアップも可能なのです。

ただし、厳しいアイテムであるのも事実。ただ着るだけでは、格好よく見えないのです。

鏡の前で、ああでもないこうでもない、とやってみましょう。合わせるボトムスや着ていくシーン、そして季節によって、さまざまな表情を見せてくれるシャツの魅力に気付いた人から、おしゃれに一歩近づきます。

チェックのシャツとレースのスカート。男の子の上半身と女の子のボトムス。こんな組み合わせができるのも、シャツの実力。

1.Tops

「着るだけ」ではないシャツ。こんなふうにウエストにラフに巻いて、スタイリングのアクセントにしても。ちょうど半分くらいの位置で衿が表に出るように折って巻くと、おさまりがいい。

シンプルなニットと合わせて、衿とカフスだけを見せてもおしゃれ。小さな分量でも、全身に確実に効いてくる。チェックのシャツをそのまま使えばカジュアルに、こんなふうに「部分」で使えば可愛らしさが強調できます。

2.Bottoms

似合うパンツを探すということ

何よりも前に必要なのは、パーフェクトなパンツ

ボトムスが決まると、あなたのおしゃれは決まります。どこから見られても美しいシルエット、パンツスタイルの要、ヒップラインをすっきりと見せるサイズ感、そして、どんなスタイリングにもフィットしてくれる最適な丈。もし、今おしゃれに迷っているのなら、それは、ボトムスが「違う」ということ。クローゼットに架かるパンツを履いて、後ろ、横から写真を撮ってみてください。下着のラインが不自然に浮いてしまったり、センターラインのエッジがなくなってしまったりしたら、サイズが合っていないのです。

新作のバッグやシューズの前に、似合うボトムスを真剣に探すべきです。ぴたりと似合う1枚が見つかったら、できたら色違いで。極端なことを言えば、毎日同じボトムスを履いていても、人はそうそう気づきません。印象を操作するのはトップスだから。ストレスのないワードローブを完成させるために、まずはベーシックで完璧にフィットするボトムスを揃えましょう。

身体につかず離れずのシルエットは、着る人にも安心感を与えます。どこから見られても大丈夫、という自信は、美しい仕草さえも生むのです。

季節ごとのスカートの選び方

Tulle skirt

冬に活躍するのは、チュールのスカート。バレリーナが着るような、丸いシルエットで、薄い素材を幾重にも重ねたような繊細さが魅力です。軽くて柔らかなスカートは、真冬の厚手のタイツともよく合います。素材のメリハリが作れるのです。

Leather skirt

シーズンをまたいで着られるボトムスはなかなかないけれど、レザースカートなら、真夏以外着られます。なぜなら、レザーは、合わせるトップスの素材を選ばないから。リネン、コットン、シルク、ウール、そしてカシミヤ――器が大きいアイテムなのです。

Maxi lace skirt

合わせるほかのアイテムの素材によって、その役割を変えるレースのマキシスカートが、最も登場頻度が高いスカート。例えばコットンのシャツと合わせてきちんと、レザーのブルゾンには「はずし」で。そう、変幻自在のアイテムなのです。

Tight skirt

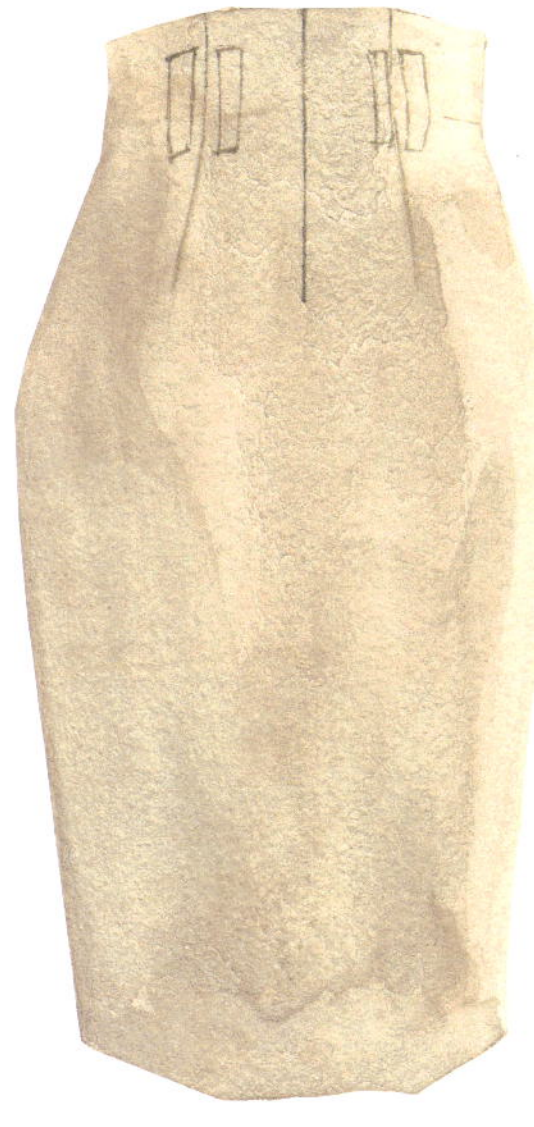

薄手のウールのタイトスカート、そして膝がぎりぎり隠れる丈なら、これも基本的にはシーズンを通して着用可能。靴を選ばないから、シーンを超えてスタイリングできるのです。色はライトグレーが最適。コーディネートの可能性がぐんと広がります。

私は、ミニスカートは履きません。似合わないから――というのが、その答えです。

20代の頃は、それこそ「なぜ似合わないのだろう」と考え続けて、デザインを変えてみたり、素材にこだわってみたり、合わせの靴のせいにしたりしました。もちろん、体型を嘆いてもみたりして。けれど、30代半ばで、「そうだ、ミニスカートは履かなくていいんだ」と気付きました。

流行だから、隣りの誰かも着ているから、毎日違う印象になりたいから――と「ミニスカートと私の間にある答え」を探し続けて、結局、落ち着いたのです。ミニスカートを、私の人生から捨てることに。

パーフェクトなモデル体型でない限り、「とびきり似合う服」は、ほんの一握り。いや、モデルだってすべての服がおしなべてとても似合う――ということはないのです。

タックが入ったゆったりしたパンツ、膝が隠れるスカート。私の場合、「とびきり似合う」ボトムスはこれだけです。ぴったりとボディラインにフィットするパンツは、「全く似合わない」わけではないけれど、「あまり似合わない」ので、手に取りません。

「とびきり似合う服」以外、"まあまあ似合う"、"そ

Column 4.

ミニスカート問題

こそこ似合う〟、〝少しは似合う〟服はリセットします。

毎日毎日「とびきり」な服だけ着ていれば、その人は「とびきり」おしゃれな人に。逆に、ときに着る「そこそこ」な服は、その人を「そこそこおしゃれな人」に見せてしまうから。

色も同じです。もしかしたら素材も。

クローゼットが、「とびきり似合う」ほんの少数のシャツやパンツやワンピースで満たされたとき、毎日のコーディネートの迷いは消え、時間は短くなり、ストレスがすっとなくなっていることに気づくでしょう。

肌がほのかに透ける
リネンがおすすめ。衿は
小さめを選んで。

大人のチェックは、
ハリ感と微光沢のある
リネン素材が使いやすい。

素材は上質なカシミヤを。
薄手で詰まった
丸首がベスト。

3. An ideal wardrobe

もう迷わない！
理想のワードローブの揃え方

上品な膝下丈が絶対条件。
デニム素材で
オン・オフ楽しみたい。

テラコッタカラー。
Vネックと小さすぎない
ボタンがポイント。

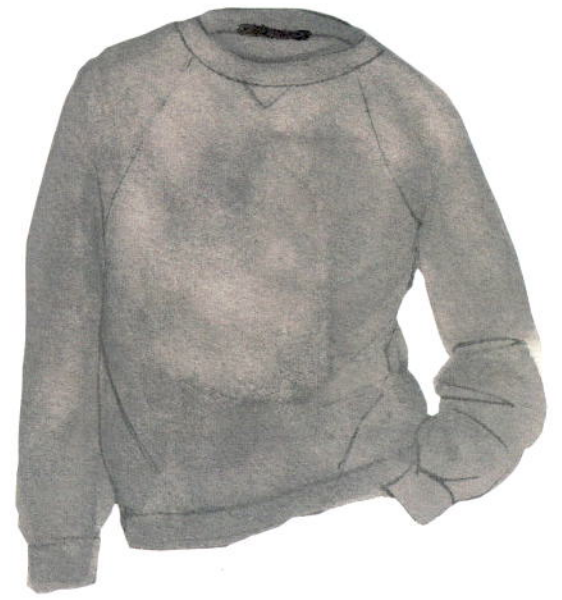

イン・アウトで着られる
丈と少しゆとりのある身幅、
丸首なら完璧。

ボリュームのある
ミモレ丈。少しシャイニーな
素材が気分。

体にしなやかに沿う
イメージで、ルーズな
シルエットのものを。

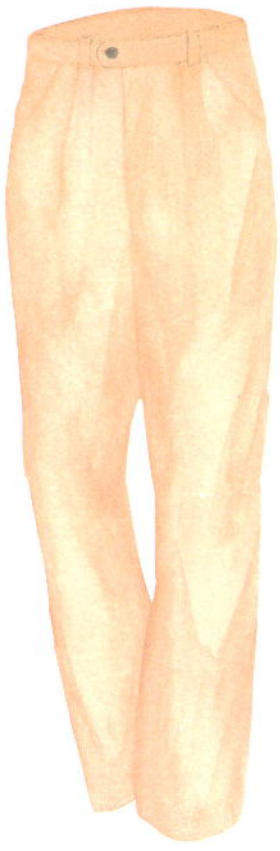

第2の肌のような
柔らかい質感のものを。
9分丈なら靴を選ばない。

ストレートが永遠の定番。
インディゴカラーを
毎シーズン更新。

シルエットはややゆったり。
デコルテと手首が見える
デザインを。

ふくらはぎくらいの
ロング丈で、ハニー
ベージュカラーを定番に。

着るほどによさを実感できる
本革とミニマルなデザインの
黒を1枚。

柔らかな風合いの
シフォンなど。砂色が
コーディネートしやすい。

3.An ideal wardrobe

丈のバランスが品格の要

トレンチとデニムの王道コンビは女性らしく着たい。膝下丈スカートにはそれより少し長めのコートを。シルエット美が際立つ。

2枚で完成する究極シンプル

カーディガンは素肌にそのまま。胸元ギリギリのＶネックでデコルテラインを強調して。デニムとの合わせは、小物を効かせて。

ハードなレザーを柔和に

レザーには落ち感のある艶っぽいパンツを。ゆるさと柔らかさをミックスすることで、女らしいニュアンスを生む。

エレガンスは着崩して

フェミニンなミモレ丈スカートには、クリーンな白リネンシャツを。開襟やロールアップ、ラフにアレンジして抜け感を。

4. Accessories

小物が充実すると、もっとおしゃれになれる

記憶をとじこめるネックレス

ハートに近い位置にあるネックレスは、深い記憶と結びついている。色や形状を着こなしに合わせるのも大切だけれど、お守りみたいな役割も。

欲求に素直になれるのがブレスレット

手首は個性を表すパート。ブレスレットは、感情に直結しているから、自由に楽しく重ねていいのです。複雑で愛おしい感情のひだを、手首に再現。

4.Accessories

「肌心地」を楽しむストール

柔らかい、温かい——などの、形容詞を着こなしに生むのがストール。顔周りにふんわりと存在する、その美しさは、気持ちを豊かにしてくれる。

*For you who waver in tomorrow's dress.*_*Page 131*

4.Accessories

素肌感を消すためのグローブ

冬、手の肌感を消すだけで、着こなし全体が驚くほどシックになります。重ねるものが多くなる冬、アクセサリーよりもスタイリングをパワフルに変えてくれる。

For you who waver in tomorrow's dress._Page 133

5.Parfum

香りで「女性」は完成する

感覚が司どる、印象やたたずまい

香りは、着こなし全体を包む空気です。着こなしと言う実態をサポートする香りがあってこそ、その人の佇まい――雰囲気は完成します。見えないけれど、コートやニットと同じ、「アイテム」の1つなのです。ココ・シャネルが言った言葉がとても好きです。「香りをつけない女性に未来はない」。

色やデザインの視覚だけでも、滑らかな、ざらっとした――というような触感だけでも、完璧に私を表現することはできません。奥行きのある女性像を時間ごとにリマインドする香り、嗅覚の力も信じたい。実は目に見えないアイテムが、おしゃれを確かな物にするのかもしれません。

For you who waver in tomorrow's dress. _ Page 135

たくさんの服やバッグ、靴があるのに、どうして明日着る服はないのだろう？　そんな悩みを解決するには、もしかしたら、半年間服を買うのをやめてもいいかもしれません。

クローゼットの中で何が必要かわからないから、何が足りないのかわからない。何が不要かわからないから、また、今の私には大切でないものを買い足してしまう。それでは、「服はあるのに着る服がない」状況は解決できません。

私にも経験があります。何着もの服をベッドの上に放り投げ、途方に暮れた朝や、特別な予定に合わせて買ったドレスに、しっくりくる靴がない、と嘆いた夜を。

解決する方法はただ1つ。

自分の過去と現在に向き合い、未来を想像することです。クローゼットの中にあるすべての服を、見直しましょう。

2シーズン着なかったものは、この先も着ません。「やせたら着よう」と取ってある服は、きっと近い将来は出番がありません。そうしたものは、とにかくクローゼットから出すべきです。

その後に、すっきりと少なくなった主役級アイテム

Column 5.

買い物をするというおしゃれ

だけで、着こなしを組み立ててみるのです。1つ1つのアイテムの意味が理解でき、これは手元に残し、足りないものは何かがはっきりとわかったとき、やっと「買う」という行為に移れるのだと思います。

「着る服」がないからと言って、必ずしも買い物が解決策にはならないからこそ、「買う」意味を1度シビアに考えてみたい。

6.Bag

バッグは女の名刺

"私"を表し、語る、バッグという存在

バッグは、ただの実用品ではありません。どう生きるのか、だからどんなファッションと決めているのか、キャリアをどう考えているのか――バッグには、思った以上の情報が映し出されます。色やデザイン、素材をコーディネートするのはもちろんですが、私を表現する名刺である、と覚悟をして手にしたい。

リスペクトしているバッグの1つに、ボッテガ・ヴェネタの「ヴェネタ」があります。上質なレザーを細く裁断し、それを熟練した職人が手作業で編んでいくイントレチャートという手法で完成するバッグ。ボディラインに優しくなじみ、使えば使うほど、味わいが出てくるバッグ。「モードを作ろう」という無用な気張りが全くないうえに、「あなたを最も美しく魅力的に見せるために――」という思いやりも感じられる、その賢さをとても愛しています。

あなたはどんなバッグを選びますか？　バッグに何を期待し、何を入れますか？

For you who waver in tomorrow's dress._Page 139

どんな服を着るかは、自己裁量に任されています。よほどのシーンでない限り、この場所でこの色や、素材を着てはいけないという規則はありません。明文化されていない「暗黙のルール」に従って、ほとんどの人は服を選び、着ているのです。仕事の場面で大きく胸元がくれた服を着るのはやめよう。ビーチへ出かける日にストッキングは履かない、など――。おしゃれをする、という一見ものすごく自由な環境の中で、何を着るのかは、その人の客観性や知性、そして判断力に任されているのです。

そのプレッシャーが強く働くと、おしゃれは無個性でつまらないものになるし、なくなれば、途端に無秩序なものになる。そのバランスは本当に細い線の上に存在し、見極めはとても難しい。だからこそ、その真っすぐな、けれど確かなラインを見つけた人だけが、人の目にも心地よく、社会性があり、おしゃれをする楽しさが見て取れる、もちろん自分自身が着ていて幸せな着こなしを実現できるのでしょう。

体型の変化や、気分のアップダウン、もしかしたら自分がいる状況により、ときにそのラインは霧の向こうに消え、足元にあったはずなのに見えなくなり、ついには気にもならなくなるかもしれない。けれど、

Column 6.

装い、迷い、
そして答えを見つける――ということ

諦めずにずっと、追い続けるものです。装うことは一生私のそばにあり、だからこそ、一生をかけてゴールを目指せばいい。今日見つからなくてもいいし、答えがないなら探せばいいのです。

明日着る服に迷っていても、明後日に見つかるかもしれないし、迷い続けて1か月後に手の中にあるかもしれない。焦らず、嘆かず――その先にある、自分らしいおしゃれは、探し続けた人だけが、「いつか」手に入れられるのです。

Q1 ハイプライスアイテムを投入する順番は？

A 順番はあまり関係ない気がしますが、値段のハイ&ローのメリハリをつけることは、とても大切です。そしてその差が大きければ大きいほど、その人のおしゃれは、オリジナルになります。

Q2 セールでは何を買うべきですか？

A プロパーでも買いたい、と思うものを買いましょう。そして、無理にワードローブの幅を広げないことです。自分のスタイリングに必要なアイテムの、奥行きをもたせるイメージです。わかりやすく言うと、白シャツがおしゃれの核となっているなら、白シャツのバリエーションを手に入れるべきなのです。セールだから、とほとんど手に取らない黒のシャツをワードローブに加える必要はありません。加えたところで、その黒のシャツはきっと孤立してしまいます。セールは「半額になっている」ことに価値を置くのではなく、どうせ買うであろう自分のメインアイテムを、想像よりもリーズナブルに手に入れることができるかもしれないタイミングだと、割り切りましょう。

Q3 通販で気をつけるべきことは？

A 私自身、通販で買い物をします。よく知っている行きつけのストアの通販サイトなら、サイズ感は大体わかるでしょう。そうでないなら、たいてい巻末についているサイズ表を注意深く確認します。直接手に取ることができない通販に懐疑的になる人もいるでしょうが、7号や9号、といったおおまかなサイズ認識ではなく、自分の細かなサイズが知れる、ということは、ある意味メリットです。時間がない人、近くにショップがない人——そんな多くの人たちを救う、1つの理想の形だとも思います。ただし、返品や交換ができるかなどのインフォメーションを読んで、活用しましょう。

大草さん！

“買い物”について教えてください！

Q4 ハイブランド抜きのおしゃれって、ありですか？

A もちろんありです。ハイブランドの服や小物は、圧倒的な強い存在感を放つ、という意味をのぞけば、すべての人に「マストなアイテム」だとは思いません。頼るのも簡単ですが、意図しないメッセージを伝えてしまうこともありますし。もし、自分には必要ない、と決めたときは、スタイリングの方法も、また熟考しないといけません。1つの強大なパワーが存在しない着こなしでは、すべてのアイテムが同じくらいの力をもち、きれいな調和がとれていることが大切です。

Q5 部屋でのおしゃれ、とはどういうこと？

A 基本的に人に会わない、パブリックな場に出ない、ということは、完全なプライベートに寄り添うファッションのこと。私にとって大切なのは、素材とゆったりした着心地のデザイン。「着古して」自分になじんでいる、というのも、個人的には重要で、そんな姿はとてもじゃないけれど、人には見せられません！

Q6 おしゃれの旬が表れるアイテムとは？

A この1冊を通して読んで下さった方は、もうおわかり頂けるかもしれませんが、デニムとサングラスです。

Q7 アクセサリーの土台の色は、統一すべきですか？

A ゴールド台、ホワイトゴールド、プラチナ台、そしてシルバー。もしかしたらレパートリーに、レザーやガラス、プラスティックなんていうのも入ってくるかもしれませんが、統一することはありません。服は消耗品ですが、ジュエリーは資産です。資産は、年々少しずつ増え続けるものであり、がらりとその組み合わせを変えることは無謀です。基本的に積み重ねていくものだからこそ、そのときどきの自分を重ねていけばいいのです。

※註：本書掲載の「Q&A」の質問は2013年に期間限定で開設したブログサイト「大草直子さんへの質問＆相談大募集」に寄せられたものからの抜粋です。

あとがき

服がたくさんあるのに、「明日着ていく服」がない。毎日着る服を決めるのが、ストレスでしょうがない。「楽しみごと」であるはずのおしゃれが、気がかりであるのなら、なんとか解決できないだろうか――と始まったのが、この本です。あえて、外国人モデルを採用しました。自分とは違う顔立ち、体型を冷静に客観的に観察し、自分なら――という想像をしてもらうような仕立てにしました。1冊を通してやって頂けたらいいな、と思ったのは、誰かの真似ではなく、「考える」という作業です。そうして手に入れたおしゃれのセオリーは、あなただけのものであり、そして永遠のものになるのです。2年をかけて、コンセプトを作り、内容を詰め、完成した本は、私のおしゃれにとっても確かな財産になりました。

最後までお付き合い下さり、ありがとうございました。

そして、素晴らしいチームにも心からの感謝を。

「あなたの本を作りたい」と、この本のきっかけを下さり、2年間気長に付き合ってくださった産業編集センターの編集者、福永恵子さん、ありがとうございました。そして、デザインをお引き受け下さった今井クミさん、印象的な写真をクリエイトして下さった、カメラマンの設楽茂男さん、ヘアメイクの林カツヨシさん。編集を手伝ってくれたライターの榎本洋子さん、アシスタントの鈴木亜矢子、比嘉千夏にも。ありがとうございました。

この本がいつも傍にあることを、折に触れて手に取ってもらえることを、自分をおしゃれを好きになるきっかけになることを。心より願って――。

大草直子

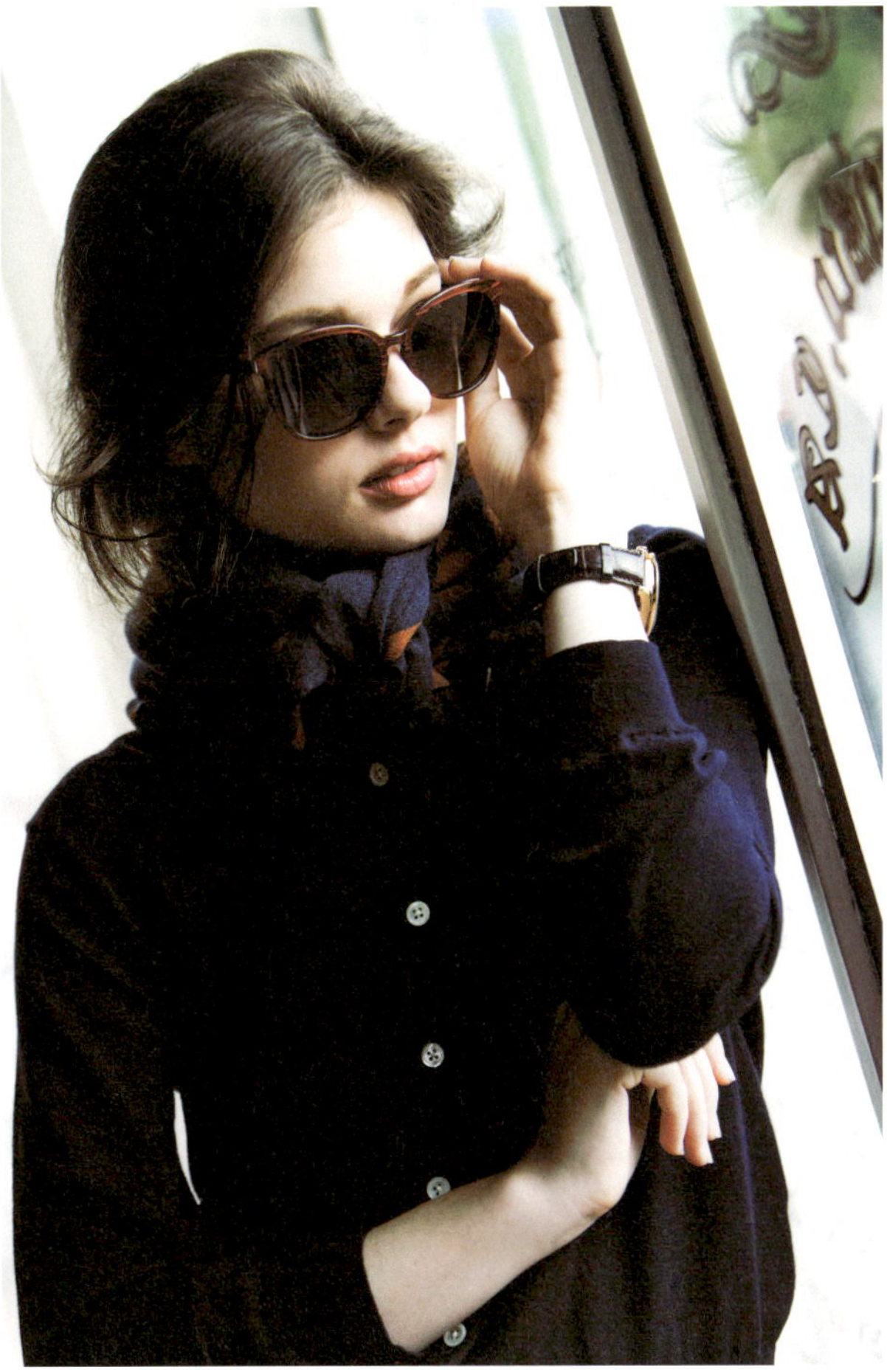

For you who waver in tomorrow's dress._Page 145

衣裳協力

P4　ピアス［ダイヤモンド］（フォーエバーマーク）、［パール］（HRM）

P11　トップス（ユナイテッドアローズ）、パンツ（アストラット）、サングラス（ソルト）、バングル（ハルポ）、バッグ（イネド インターナショナル）

P13　トップス、スカート（ともにアストラット）、帽子（メマール）

P14　コート（アヴェロン）、ニット（コー）、パンツ（エージー）、帽子（レベッカ）、バッグ（J&M デヴィッドソン）、靴（エストネーション）

P15　コート（イロジック）、ニット（イエナ スローブ）、タイツ（ブルーフォレ）、グローブ（グローブス）、バッグ（ボティオール）、靴（アストラット）

P16~17　コート（サロン・ド・バーグレー）、シャツ（イヴォン）、パンツ（ロード トゥー オー）、帽子（センシ ステュディオ）、ピアス（HRM）

P19　ニット、シャツ（ともにエポカ）、ピアス（コンチィー）

P20　ニット（ウィリアム ロッキー）、ストール（ファリエロ サルティ）、ネックレス（グレコ）、帽子（クール パルフェ）、グローブ（ガシュロウ＆コール）

P22　靴（コンバース）、サンダル（ミッシェル ヴィヴィアン）

P25　ドレス（キャシャレル パリ）、ピアス（リッツィー フォーチュネイト）、靴（ミッシェル ヴィヴィアン）

P27　ドレス（マリハ）、ストール（ファリエロソルティー）、バッグ（ファティマ モロッコ）、靴（コンバース）

P29　コート（エンフォルド）

P31　ベスト（デュベティカ）、ジャケット（メゾン スコッチ）、シャツ（エポカ）、帽子（エイチ・エー・ティー）

P32　ストール（ファリエロソルティー）

P33　カーディガン（フレームワーク）、ストール（モア モン）、サングラス（レジャー ソサエティー）

P34　カーディガン（キャシャレル パリ）、眼鏡（オリバーピープルズ）、ストール（イネド インターナショナル）

P35　トップス（ユナイテッドアローズ）、サングラス（ソルト）

P36　帽子（メマール）

P37　ニット（ウィリアム ロッキー）、帽子（ボルサリーノ）

P45　ストール【右上】ベグ＆コー、ニット【左上】（エポカ）、スカート【右下】（サクラ）、スカート【左下】（アストラット）

P47　【右から】コート（アヴェロン）、スカート（イエナ）、ニット（シャルロット）、ニット（エポカ）、ニット（ウォルフォード）、トップス（アストラット）

P48　コート（ロンドン トラディション）、ニット（エポカ）、スカート（イエナ）、タイツ（ブルー フォレ）

P49　コート、パンツ（ともにジョゼフ）、ストール（ジョンストンズ）、グローブ（コース）、ソックス（ロイヤリティーズ）、靴（ファビオ ルスコーニ）

P50　ニット（J&M デヴィッドソン）、スカート（サクラ）、ピアス（オウデン）、バッグ（ジミーチュウ）

P51　コート（シンクロ クロッシングズ）、シャツ（イエナ）、眼鏡（レジャー ソサエティー）、ネックレス（シュルーク）、グローブ（アルポ）

P53　ニット（フォンデル）、イヤーマフラー（カール ドノヒュー）、ネックレス（グレコ）

P66　カーディガン、ニット（ともにオドラント ナノ・ユニバース）、スカート（エンフォルド）、ヘアゴム（ジェニファー ウーレット）、ネックレス（HRM）、時計（ジャガー・ルクルト）

P67　ジャケット、パンツ（ともにユナイテッドアローズ）、Tシャツ（バッテンウェアー）、帽子（イヴォン）、サングラス（ディータ）

P68　カーディガン（キャシャレル パリ）、眼鏡（オリバーピープルズ）、ストール（イネド インターナショナル）、靴（ジャックロジャース）

P69　ベスト（デュベティカ）、パンツ（アストラット）、ピアス（ダニジョー）、靴（プリティ・バレリーナ）

P70　コート（アクアスキュータム フォー エストネーション）

P71　コート（アクアスキュータム フォー エストネーション）、シャツ（FWK）、スカート（アクセス）、ネックレス（HRM）、時計（ジャガー・ルクルト）、グローブ（コース）、バッグ（ジャックゴム）

P72　ベスト（デュベティカ）

P73　ベスト（デュベティカ）、ジャケット（メゾン スコッチ）、シャツ（エポカ）、帽子（エイチ・エー・ティー）、靴（ペリーコ）

P83　ストッキング（ランバン・コレクション）、時計（ジャガー・ルクルト）、ネックレス（HRM）

P85【右】　スカート（サクラ）、バッグ、靴（ともにジミー チュウ）

P85【左】　タイツ（ブルー フォレ）、靴（アストラット）

P86　コート、パンツ（ともにジョゼフ）、ストール（ジョンストンズ）、靴下（ロイヤリティーズ）、靴（ファビオ ルスコーニ）

P87　ニット（ミューズ ドゥ ドゥーズィエム クラス）、スカート（ラウラ）、靴下（ブルー フォレ）、バッグ（レイチェル ラディック）、靴（インディヴィ）

P91【右】　ベスト（デュベティカ）、パンツ（アストラット）、靴（プリティ・バレリーナ）

P91【左】　スカート（エポカ）、靴（ペリーコ）

P92~93　靴【右】（プリティ・バレリーナ）、【中】（ペリーコ）、【左】（ルパート サンダーソン）

P97　ニット、シャツ、スカート（すべてエポカ）、帽子（ローラ）、ピアス（コンチィー）、タイツ（ウォルフォード）、靴（ペルティーニ）

P100　ブラトップ【上から】（ラ ペルラ）、（リュー・ドゥ・リュー）、（オーバドゥ）

P101　シャツ（イヴォン）、ピアス（HRM）

P102　ショーツ【上から】（ラ ペルラ）、（オーバドゥ）

P103　スカート（イエナ）、ストール（ベグ＆コー）、タイツ（ブルーフォレ）

P104　ブラトップ、スリップ（ともにオーバドゥ）

P105　ニット（コー）

P115　シャツ（オドラント ナノ・ユニバース）、スカート（エポカ）、ネックレス（リジー フォルトゥナート）

P116　シャツ（オドラント ナノ・ユニバース）、Tシャツ（アンナケー）、パンツ（ユナイテッドアローズ）、帽子（クール フェム）、靴（ジミー チュウ）

P117　シャツ（オドラント ナノ・ユニバース）、トップス（シャルロット）、スカート（アストラット）、ネックレス（コンチィー）

P119　ニット（エポカ）、パンツ（ジョゼフ）、ピアス（リッツィーフォーチュネイト）、バッグ（ザネラート）、靴（インディヴィ）

P128　ネックレス（ともにMIZUKI）

P129　ブレスレット【上から】（ストアルーム×マリハ、ハルポ、〈下2点〉フィリップ オーディベール）

P130　ストール（右2点ともにヴィンテージ シェイズ）

P131　ニット（フォンデル）、帽子（クール パルフェ）、ストール（ヴィンテージ シェイズ）

P132　グローブ【黒】（コース）、【ベージュ】（コース）、【赤】（ブルーノ カルロ）

P133　コート（モディファイ）、ネックレス（シンクロ クロッシングズ）、グローブ（コース）

P134　香水（ラルチザン パフューム）

P139　バッグ（ボッテガ・ヴェネタ）

※クレジットが掲載されていないアイテムは、スタイリストの私物です。

Shop list

HRM : 03-6434-5290

アイヴァン（オリバーピープルズ、ソルト、レジャー ソサエティー）: 03-5413-3560

アストラット 青山店（アストラット、シュルーク）: 03-6418-2917

アストラット 梅田阪急店（アストラット）: 06-6313-0342

アパルトモン ドゥーズィエム クラス 事業部（アクセス、FWK、メゾンスコッチ）: 03-5459-2480

アマン（アルポ、ザネラート、ペリーコ）: 03-6805-0527

イヴォン : 0120-290-370

イエナ スローブ 渋谷店（イエナ スローブ、ロンドン トラディション）: 03-5456-6972

イネド インターナショナル : 0120-290-370

インディヴィ : 03-6324-2642

WISP 銀座本店（フォーエバーマーク）: 03-6280-6108

栄進物産（オーバドゥ）: 03-5719-7262

エストネーション（アヴェロン、エージー、エイチ・エー・ティー、エストネーション、クール フェム、コー、フォンデル、リジー フォルトゥナート）: 03-5159-7800

エストネーション六本木ヒルズ店（アクアスキュータム フォー エストネーション、グレコ）: 03-5159-7800

F.E.N.（デュベティカ、プリティ・バレリーナ）: 03-3498-1642

オドラント ナノ・ユニバース青山（オウデン、オドラント ナノ・ユニバース、グローブス、ジェニファー ウーレット、ジャック ロジャース、ジョンストンズ、センシ ステュディオ、ダニジョー、ハルポ、フィリップ オーディベール、ミッシェル ヴィヴィアン、リッツィー フォーチュネイト、ルパート サンダーソン、ロード トゥー オー）: 03-6427-9556

オプティカルテーラークレイドル青山店（ディータ）: 03-6418-0577

オペーク 丸の内（ブルーノ カルロ）: 03-5220-6655

オンワード樫山（ジョゼフ）: 03-5476-5811

グンゼ（ランバン・コレクション）: 0120-167-874

コンバースインフォメーションセンター（コンバース）: 0120-819-217

サロン・ド・バーグレー : 03-3569-2090

SANYO SHOKAI（エポカ）: 0120 340 460

ジミー チュウ : 03-5413-1150

ジャガー・ルクルト : 03-3288-6370

J & M デヴィッドソン : 03-3505-2604

ショールーム セッション（ヴィンテージ シェイズ、カール ドノヒュー、コース、シャルロット、ポティオール）: 03-5464-9975

ショールーム リンクス（キャシャレル パリ）: 0120-61-1315

シンクロ クロッシングズ 恵比寿グラススクエア（シンクロ クロッシングズ）: 03-5789-9726

ストアルーム（ストアルーム × マリハ、バッテンウェアー、ファリエロ ソルティー、マリハーメマール）: 03-5772-2317

バラタコンシェルジュ プレスルーム（コンチィー）: 03-6303-0036

バロックジャパンリミテッド（エンフォルド）: 03-6730-9191

ファビオ ルスコーニ 六本木店（ファビオ ルスコーニ）: 03-3408-8682

福助（ウォルフォード）: 03-3797-3890

フレームワーク 博多店（イロジック、ウィリアム ロッキー、ファリエロ サルティ、フレームワーク、モア モン、レベッカ）: 092-413-5640

ボッテガ・ヴェネタ ジャパン（ボッテガ・ヴェネタ）: 0570-000-677

ボルサリーノ ジャパン（ボルサリーノ）: 03-3230-1030

MIZUKI : 0800-300-3033

ミューズ ドゥ ドズーズィエム クラス 表参道（アンナ ケー、ベグ & コー、ミューズ ドゥ ドゥーズィエム クラス、レイチェル ラディック、ローラ）: 03-5413-3731

モディファイ恵比寿グラススクエア（モディファイ）: 03-5421-5718

ユナイテッドアローズ 原宿本店 ウィメンズ館（ガシュロウ & コール、サクラ、ファティマ モロッコ、ブルー フォレ、ペルティーニ、ユナイテッドアローズ、ラウラ）: 03-3479-8176

ラルチザン パフューム表参道本店（ラルチザン パフューム）: 03-6419-9373

リュー・ドゥ・リュー : 0422-27-2568

ルック（ラ ペルラ）: 03-3794-9239

ル ドーム イエナ 銀座店（イエナ、クール パルフェ、ジャック ゴム、ロイヤリティーズ）: 03-5524-2751

大草直子　*Naoko Okusa*

女性ファッション誌の編集に携わった後、フリーに。大人の女性に、シンプルで上質なライフスタイルを提案するスタイリストとして幅広く活躍。

著書に『Naoko Okusa's Real Coordinate』『大草直子のStyling Book』『大草直子のStyling Book 2』（ワニブックス）、『おしゃれの練習帖』（講談社）、『Love, Hope & My Trench Coat』（ハースト婦人画報社）他多数。

http://hrm-home.com

STAFF

撮影	設楽茂男
ヘアメイク	林カツヨシ
モデル	Anna （ZUCCA） KIRA （agence presse） Sophia （Image） Laura （Donna）
イラストレーション	佐々木枝里
編集協力	榎本洋子 鈴木亜矢子（HRM）

「明日の服」に迷うあなたへ

2014年10月1日　第一刷発行

著者	大草直子
装幀	今井クミ（APIS LABORATORY）
発行	株式会社産業編集センター 〒112-0011 東京都文京区千石4-17-10
印刷・製本	株式会社シナノパブリッシングプレス

ISBN978-4-86311-100-4